U0894554

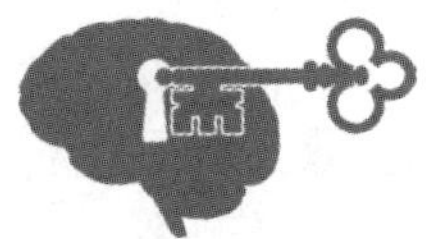

日耳曼
通识译丛

心理学

理论、方法与治疗

〔瑞士〕罗尔夫·雷伯（Rolf Reber）著
吴筱岚 译

上海三联书店

献给我的妻子海伦

目　录

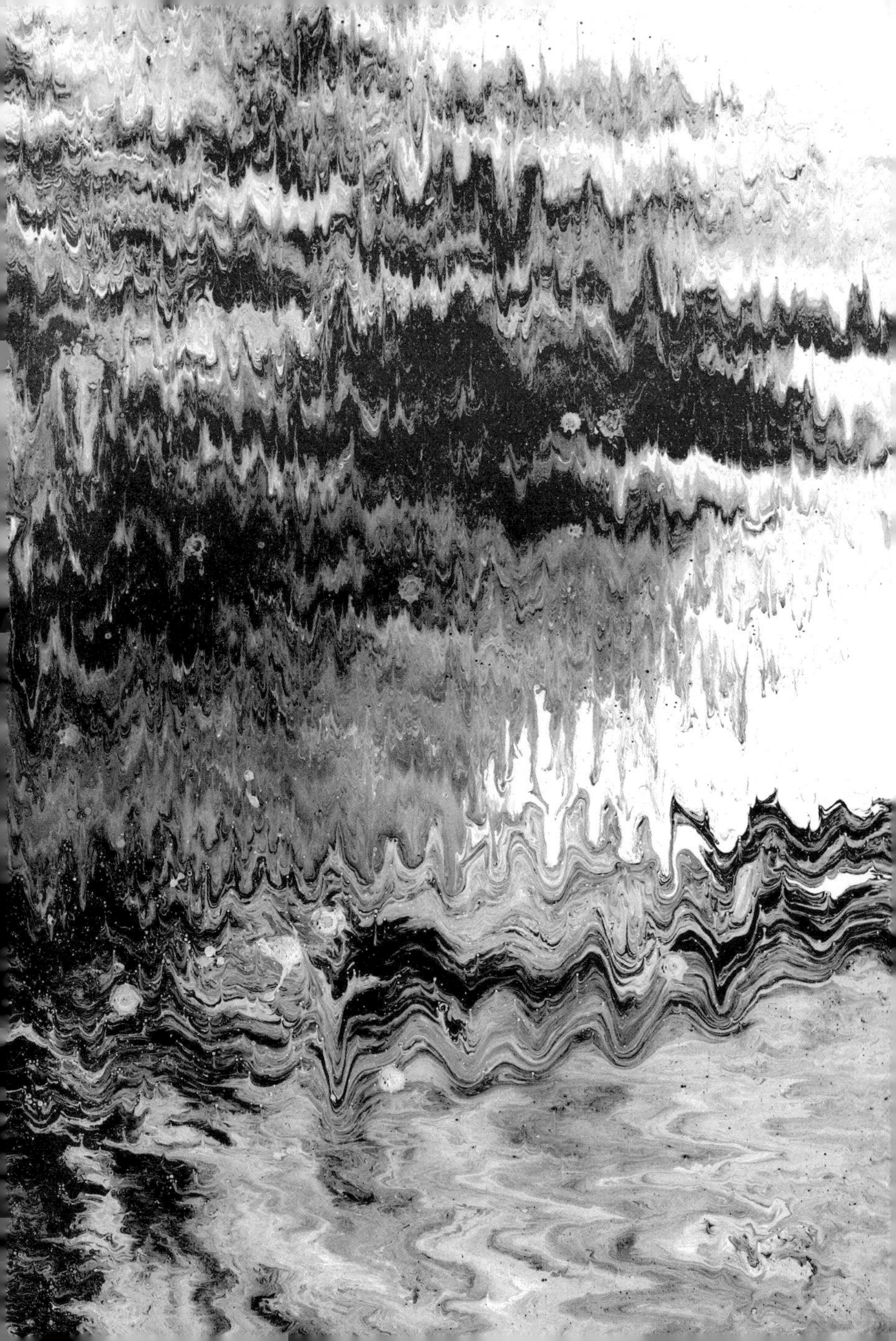

前　言

行为背后的原因

一位年轻人正在地铁站里吸烟。当工作人员向他说明地铁站禁止吸烟时，这位年轻人袭击了工作人员并致其重伤。怎么会走到这一步呢？这位年轻人难道不知道故意伤害他人会受到惩处吗？他以为可以用暴力就能阻止他人的批评吗？他有狂躁症吗？他有智力问题吗？他是不是太轻狂了？还是因为他在暴力泛滥的环境中长大？他的生辰八字不吉利？他被魔鬼迷住了心智？

除最后两项外，上述日常解释[①]对心理学家来说都是可接受的。而星相学试图从生辰八字中推导出人的性

---

① 日常解释（Alltagserklärung）与科学解释（wissenschaftliche Erklärung）相对。——译注

格。但科学研究表明，星相学无法预测人的性格。占星术并不科学，因为没有可靠的证据支撑其预测；占星术并不循证（evidenzbasiert）。心理学中的任何实践都必须以现有的研究结果为支撑。至于上帝和魔鬼，都涉及超自然力量，无法进行科学研究。因此，源于伪科学实践和宗教信仰的假设被排除在心理学之外，而所谓心理学，就是研究精神功能和行为活动的科学。

心理学中的科学性思维如表 1 所示。第一列列出了对于上述年轻吸烟者的攻击性行为的日常解释。事实上，这些非专业的解释与科学解释的匹配度相当高——毕竟，首批科学家也是从日常解释入手的，它们赋予了诸多人类行为完全正确的描述说明。非专业人士间的区别体现在他们的偏向性阐述中。有些人认为，攻击性行为是人类的“天性”，因此是与生俱来的特性。也有人认为，攻击性行为是“不良教养”的产物，因此是环境所导致的。行为究竟是由基因还是环境决定的？此问题引发了心理学中的天性—环境争论。

另一个关于此问题的讨论在于，个人性格和所处情境对于行为的影响。有趣的是，西方的非专业人士在分析年轻吸烟者的攻击性行为时，更喜欢强调其“性格”或“个性”的影响，而南亚人和东亚人则认为是特定的情境诱发了年轻人的攻击性行为，比方说对方的责备激怒了他。这一点很有意思。东西方文化背景下的差异性阐释恰恰对应了心理学中的个人—情境争论。在本书中，我们将同时关注天性—环境之争与个人—情境之争，并讨论不同立场下正方与反方的实证。

对于表 1 第二列中的各项科学解释，都有相对应的心理学的研究方法，即第三列中所示。当父母或政客遇到此类攻击性行为的问题时，他们希望有所改善。有趣的是，第四列中所列的干预措施取决于对该行为的科学解释，因此也取决于研究方法。不妨举个例子：如果我们认为，这位年轻人袭击工作人员是因为他从未受到力度足够的惩罚，那么我们就会要求根据其行为对他进行惩罚。而如果我们认为他的攻击性行为是由错误的思想导致的，那么我们就会努力纠正这些思想。

本书将几项主要研究方法分别列入单独章节中进行讨论，其余研究方法只作简要说明。前两章讲述了从行为主义到认知心理学的历史发展。许多动机与情绪的理论（第三章）都受到了认知研究法的启发。脑成像法和遗传学（第四章）则对心理学的研究方法进行了补充。最后四章以上述基本研究方法为基础，涵盖了人类发展、人格、社会心理学和心理障碍，也包括心理疗法。

表 1　日常解释、相应的一般科学解释、用于阐释行为的心理学研究方法及对应的干预措施

日常解释	一般科学解释	研究方法	干预措施
曾经的攻击行为未受到惩罚	学习（经典和操作条件反射）	行为主义1	行为疗法 8
以为可以避免日后被批评	思想（认知）	认知心理学2	认知疗法8
被愤怒驱使	动机与情绪	动机和情感3	情绪调节训练
大脑或基因问题	脑功能，基因	生物心理学4	医学治疗
不够成熟	发展过程	发展心理学5	技能培训
性格使然	性格特征	人格心理学6	品德教育
被他人的谴责所激怒	社会进程	社会心理学7	社会技能培训
看不到生命的意义	生命意义	人本主义心理学	以对象为中心的心理治疗8
无意识的冲突导致攻击性行为	无意识的童年经历	精神分析学	精神分析8

续表

日常解释	一般科学解释	研究方法	干预措施
生长于社会困难地区①	群体与文化	文化心理学	群体层面的干预措施
底层群体对统治阶级的愤怒表达	压迫，权力等级	批判心理学	社会层面的干预措施

表格中所示数字对应对该研究方法或干预措施展开讨论的章节。

在被地铁站工作人员训斥后，这位年轻人做出了攻击性行为。根据该年轻人的攻击性行为的可能解释，推导出表 1。上述即将展开讨论的研究方法可以用于解释各种行为。例如，为什么丽莎害怕狗？为什么诺拉感到开心？为什么阿德里安会成为一名建筑师？为什么约翰内斯的学习成绩好而凯文的成绩差？卡蒂亚是如何学会说话的？为什么戒烟如此困难？是什么导致了婚姻的成功或失败？针对上述种种问题，非专业人士和心理学家都给出了他们的答案；每个问题都可以借助各种各样的研究方法得到解答。非专业人士往往满足于一条具有说服力的论断，但科学家需要确保每一种解释都有科学数

① 社会困难地区（sozialer Brennpunkt），即社会弱势群体的住宅区，此区域内的大部分人处于社会弱势地位，大多处于贫困和失业状态，或收入较低。——译注

据的支撑。

这篇引言的中心思想在于，心理学是一门基于证据的经验科学；其中各项主张都必须有数据支撑。行为主义者是科学领域内最为严谨的代表，我们不妨和他们一起开始这场心理学的漫游之旅。

第一章
从经验中学习：行为主义

在生活中我们常说，丽莎是因为害怕狗才躲着狗，或者，年轻的烟民是因为太生气了才会攻击地铁站员工。但这样的表达方式不利于对行为展开科学研究，因为我们无法观察人的心理状态，如恐惧或愤怒；我们不能读取思想和情绪。此外，当事人本人所述也不可尽信；他们可能会在所感所觉上欺骗我们。行为，才是我们能够观察到并相信的，例如躲避狗或攻击他人的行为。

为解决此类问题，行为主义的支持者声称，原则上不可能对意识（心理）过程进行分析，因为它们无法被直接观察。他们认为，研究人员所能应用的最佳方案就是观察行为。研究员可以描述一种刺激——触发行为反应的物体或事件是什么？例如，当刺激物是一只狗，行为反应则是对恐惧的表达，如通过面部表情表达恐惧。而将刺激与反应联系起来的心理过程，即感知、分类、记忆、思想、意图和决定，仍然不为人所知。因此，行为主义者认为意识是一个黑匣子，科学家不可能将其打开。行为主义者由此限制了心理学的适用范围。如果说心理学通常被视作研究行为和意识的科学，那么行为主义者就把心理学限制为研究行为的科学。

行为主义者探索学习。一般来说，当我们想到学习时，就会联想到学生学习数学或语法，以便在考试中运用这些知识。但这不是行为主义者所想的那种学习。他们认为，有机体通过经验学习一切。在出生时，只有少数基本反射存在，这些反射是对特定刺激的无意识、自动、恒定的反应；学习则建立在这些反射之上。行为主义者认为，学习具有规律，就像物理学中存在着能够解释运动的规律一样。基于此，行为主义者寻找着学习的基本规律。

行为主义源于对两种基本学习机制的研究，即经典条件反射和操作性条件反射，详情可见后续两节。在本章的最后，我们再回顾揭示行为主义局限性的两项研究。尽管有这些局限性，行为主义仍旧揭示了行为分析与矫正的重要原则，并使得这些原则能够应用在不同领域，如今尤其应用于行为治疗领域（见第八章）。

“巴甫洛夫的狗”：经典条件反射

每当14岁的丽莎看到狗，她就会感到害怕。可能是曾经与狗相处的经历引发了丽莎的恐惧。我们可以尝试区分她的经历中的要素。假设丽莎还是个小孩子的时候，她被狗的狂吠声吓坏了。由于狗经常会冲着人狂奔，或等离人足够近时才会吠叫，而丽莎在狗开始吠叫之前就看到了它。当丽莎反复经历相同的事件后，即她看到一只狗不久之后，狗就开始狂吠，那么丽莎只要看到狗就会开始感到害怕——即使狗不吠叫。

自1900年以来，此类型的学习已经被系统性研究过了。其中最著名的研究被称为“巴甫洛夫的狗”。巴甫洛夫在实验中注意到，狗看到饲养员给它们带来的食物就会流口水。然而一段时间后，只要看到动物饲养员，狗就会流口水。巴甫洛夫起初意在研究狗的消化过程，但他意识到自己可能已经找到了一项基本的学习原则。他只需要在他的实验中加入一个铃铛，就可以研究此学习原则，即后来所说的经典条件反射。

该实验分为四个部分：（1）当狗看到食物时，它会分泌唾液；（2）当狗听到铃铛声时，它不会分泌唾液；（3）将铃铛声与食物结合起来，在狗进食之前，铃铛声响起；（4）当狗多次在进食之前听到铃铛声之后，实验人员摇晃铃铛，但不提供食物，此时，虽然狗没有得到食物，但它仍然会分泌唾液。

实验包含四个要素：食物（肉）、铃铛声、狗看到食物时分泌的唾液和听到铃铛声时分泌的唾液。食物是刺激物，狗看到它之后会自然而然地分泌唾液。因此，食物是无条件刺激，随后的唾液分泌是无条件反应。在铃铛声与食物一起反复呈现多次后，铃铛声才具备了让狗分泌唾液的力量。该条件，即铃铛声引发唾液分泌，生效的前提是无条件刺激，在此实验中即食物。因此，铃铛声响起为条件刺激，而狗在听到铃铛声却没有食物的情况下分泌唾液时，即为条件反应。请读者在此处稍作停顿，记住这些术语，它们会在下文所述的原则中起关键性作用。

在丽莎的案例中，狗叫声是无条件刺激，由此引发的恐惧表达是无条件反应。当狗的形象与狗的叫声联结后，丽莎一看到狗就会表现出恐惧（条件刺激），而这种不因狗的叫声而导致的恐惧就是条件反应。

一个条件反应的产生，往往需要在条件刺激和无条件刺激之间建立大量联结，才能使该条件刺激单独引发相应的条件反应。因此，在狗的实验中，铃铛声必须反复与食物联结，才能最终在没有食物的情况下使狗分泌唾液。

联结的时机很关键。在条件刺激后紧接着呈现无条件刺激是最高效的。在巴甫洛夫的实验中，狗会在铃铛声响起的两秒钟内得到食物。在这种情况下，条件刺激预示了无条件刺激的出现。

此原则中有一个重要的例外情况：味觉厌恶。食物中的病原体会引起呕吐（无条件刺激），而后导致对该食物产生厌恶（无条件反应）。当食物的味道（此处为条件刺激）与呕吐相联结，那么呕吐就会演变为条件反应——即使条件刺激和无条件刺激，即味道和呕吐之间的时间间隔长达24小时。这种例外似乎主要与刺激—反应组合相关，该理论对于有机体的生命具有重要意义，比如发现有毒物质，食物的味道可以给我们提供关于有毒物质的信息。味觉厌恶的影响是如此强烈，以至于接受化疗的癌症患者会对其摄入的食物感到恶心，尽管患者清楚地知道恶心是由化疗引起的，而不是由于所摄入的食物［参考伯恩斯坦、韦伯斯特的《人类习得的味觉厌恶》(*Learned Taste Aversions In Humans*)，1980］。除了这种具有生物学意义的刺激—反应组合外，条件刺激后必须紧接着呈现无条件刺激。

将条件刺激多次与无条件刺激结合后，当条件刺激单独出现时，我们就会得到条件反应。但如果狗在铃铛声响起后反复数次都没有得到食物，那么分泌唾液的情况就会减少，并最终消失。我们将此过程称为消退。概括地说，如果反复呈现条件刺激而不通过非条件刺激进行强化，两种刺激之间的联结就会减弱，条件反应就会减弱并最终消失。

然而，消退并不等于遗忘；假如在反应完全消退后再等待一天，铃铛声（条件刺激）仍旧会导致唾液分泌（条件反应），不过是以很微弱的形式重新出现。此过程被称为自发恢复，表明铃铛声和食物之间的联结并没有被遗忘。

消退现象同样会出现在人类身上。如果丽莎常常遇到不狂吠的狗，她就不会再表现出看到狗时的恐惧反应。但如果在一段时间后，她又遇到了一只狂吠的狗，那她会很快再次出现条件性恐惧反应。有些人非常害怕狗，以至于他们会不惜一切代价来避免和狗接触。这种恐惧可能会发展成焦虑症。讽刺的是，他们避免与狗接触的行为，恰恰剥夺了自己通过与狗接触来使恐惧消退的机会，而狗通常是友善的。让人们与友好的狗接触是减少并最终消除对狗的恐惧的有效方法。我们将在第八章中讨论此方法。

现在，让我们来分析一个稍有不同的案例。在此案例中，丽莎想抚摸狗，结果狗咬了她，以至于丽莎再也不想触碰狗。操作性条件反射原理对这种从自身行为的后果中学习的方式进行了说明。

斯金纳箱：操作性条件反射

在经典条件反射中，人类和动物学会将两种刺激，即条件刺激和无条件刺激联结起来。然而，如果丽莎不想再触碰狗，是因为她曾在抚摸狗的时候被咬了，那么这种回避行为就不能用经典条件反射的原理进行解释；这种情况下的条件刺激或无条件刺激是什么？同样地，地铁站里年轻烟民的行为也不能用经典条件反射的原理进行说明。我们通常认为，攻击性行为可以由积极结果触发，例如支配地位带来的快乐，也可以由缺乏消极后果触发，例如没有受到惩罚。另一种条件反射类型，即操作性条件反射（又称为工具性条件反射），能更好地解释攻击性行为，因为该理论描述了通过行为反应及其后果之间的联结所进行的学习。

“巴甫洛夫的狗”是经典条件反射中最著名的一项研究，而斯金纳箱则是专为研究动物的操作性条件反射而设计的——斯金纳在研究中主要应用鸽子和白鼠。斯金纳之前的心理学家大多选用笼子、盒子或带起点和终点的迷宫，动物在终点会获得食物。这些早期的实验装置要求实验者在每次实验后将动物运送回笼子里或回到起点。与之相反，斯金纳箱不需要移动动物就可以记录下动物的多种行为反应。斯金纳箱是一个带有杠杆和投食器的笼子。动物按下杠杆时，会立即得到一块干粮。每个行为反应都会被自动记录。一般情况下，在白鼠或鸽子首次按下杠杆并获得食物前，通常需要摸索一段时间。之后，它们重复按压杠杆所需的时间变得越来越短。

此现象可以用桑代克早在 1898 年提出的效果律进行解释。效果律认为：如果某种情境下的某个行为会带来令人愉悦的结果，那么该行为重复的可能性将增加；如果该行为会产生令人厌烦的后果，那么该行为重复的可能性将减少。

与效果律高度相似，行为主义者认为，在操作性条件反射中，如果伴随而来的结果是积极的，行为反应出现的概率就会增加；反之，如果结果是消极的，概率就会下降。

行为主义者将行为和结果的组合区分为四种类型。正强化是指行为反应后伴随积极事件。在日常用语中，我们称之为奖励。例如，白鼠在按下杠杆后会获得食物，或者孩子在整理房间后会得到表扬。积极事件，即奖励，会强化该行为。这意味着，白鼠或孩子再次做出相同行为的概率会增加。在负强化中，行为可以消除不愉快的刺激，例如，动物逃到笼子中的其他区域，来躲避轻微但痛苦的电击。负强化并不是惩罚。正强化和负强化都会增加相同行为再次发生的可能性。惩罚（或正惩罚）是指在行为后给予厌恶刺激，例如，当白鼠进入迷宫中的某个房间时会被电击，或者当孩子行为不当时会受到训斥。最后，还有负惩罚，即在行为后撤销愉快刺激。比如，男孩每天早上都能吃到他最喜欢的麦片，但他有一天早上睡过了头，因此被剥夺了吃麦片的机会。正惩罚和负惩罚都能减少相同行为再次发生的可能性。

有时正强化和负强化会同时发生，并形成恶性循环。比如说，年幼的弟弟要求姐姐教他做分数练习题，而姐姐则认为弟弟应该自己做。3 分钟后，弟弟又问姐姐能不能帮忙。5 分钟后，弟弟开始嘟嘟囔囔地抱怨。10 分钟后，弟弟开始尖叫，然后怒吼。最终，在 20 分钟后，他开始哭号。起初，姐姐抵抗住了弟弟的撒泼打滚，但最终还是在号叫声中筋疲力尽，于是妥协了；她帮助弟弟完成了练习题。在这个时候，弟弟和姐姐的行为都得到了强化。对弟弟来说，他得到的帮助是对哭号的正强化，这增加了他在下次需要帮助时再次哭号的可能性。对姐姐来说，妥协和帮助带来了负强化，因为她的妥协消除了令人心烦意乱的号叫声，这增加了姐姐在未来不断让步的可能性。随着双方行为的互相强化，行为出现的频率也会增加。随着时间的推移，弟弟会跳过询问、抱怨、尖叫和怒吼，直接开始哭号；姐姐厌倦了哭号声，于是便在弟弟开始号叫时就帮助他。操作性条件反射的简单定律可以用来解释许多看似棘手的情况，比如上文所述的强化的恶性循环。

操作性条件反射构建了另一种行为现象，即习得性无助［参考迈耶和塞利格曼 1976 年的论文《习得性无助：理论与证据》（*Learned Helplessness: Theory And Evidence*）］。正如前文所述，动物学会了通过躲到笼子中的其他位置来避免电击，此举导致负强化。但是，当动物受到电击而又无法躲避时，会发生什么？在针对习得性无助的研究中，狗在实验之初会被电击且无法躲避。而后再被电击时，狗本能够躲避电击，但它并没有那么做；相反，它只是呆愣在原地。而后，习得性无助被作为模型，用于说明学习困难的孩子表现出的消极与被动。当人们不论做什么都会被批评时，他们会变得消极被动，甚至即便在能够有所改善的情况下，也会错失采取行动的机会。当乔治兢兢业业地为考试做准备，但仍旧只能带着糟糕的成绩单回家时，他很可能会不再为考试而复习，因为乔治的学习行为并没有得到强化。

到目前为止，我们的讨论范围都局限在连续性强化，换句话说，如果白鼠每次按压杠杆后都会得到食物，会发生什么。但如果白鼠并不是每次按压杠杆后都会得到食物，又会发生什么？在后面这种情况下，我们倾向于认为，白鼠按下杠杆的频率会下降，因为该行为被强化的可能性较前者更小了。但事实并非如此。在白鼠被训练为每次按压杠杆都会得到食物后，实验者可以在白鼠按压 3 次、5 次、10 次，最后甚至是 100 次杠杆后，才给予白鼠食物。这种强化计划并不会降低白鼠按压杠杆的频率，反而会提高该行为的频率；至少在白鼠获得下一块食物之前是这样。短暂停顿后，白鼠会再次开始快速按压杠杆。

费斯特和斯金纳在《强化程式》(*Schedules Of Reinforcement*，1957）中总结了诸多不同的强化程式，用于提高反应概率。在此，我仅介绍其中一个强化程式，该程式也可以用于解释赌博成瘾的原因。老虎机的程序是根据可变比率强化编制的。也就是说，老虎机会不定期地吐钱，比如平均每 12 个回合吐一次钱。具体来说，老虎机首先在 5 个回合后吐一次钱，然后在 11 个回合甚至 19 个回合后再次吐钱。但假如老虎机会定期吐钱，比如老虎机固定每 12 个回合就吐一次钱，那么玩家就会等到下一次赢钱，然后停止游戏。可变比率强化的不可预测性会让玩家不停地向老虎机内投入一枚又一枚硬币。要想强化某一种行为，可变比率强化是最有效的强化计划。

如今，操作性条件反射对行为分析和行为改变具有重要意义。让我们一起回顾恶性循环的例子。姐姐起初希望弟弟独立完成作业，但她最终还是帮助弟弟完成了作业，此举强化了弟弟的哭号行为；反过来，弟弟通过停止哭号强化了姐姐的帮助行为。上述这种对强化模式的分析即行为分析的重点。当心理学家弄清楚是哪种强化类型在起作用时，他们就可以着手采取措施进行改变。

这种行为改变是行为治疗的核心，我们将在第八章展开讨论。

经典条件反射和操作性条件反射一同为行为的出现提供了令人信服的佐证。行为主义者源于名为经验主义的哲学传统。经验主义假设，人类生来便具有相同的基本反射，但除此之外，精神层面就像一块空白的蜡板。人们必须从头开始学习一切；因此，生存环境决定了人们的学习内容和行为方式。绝不存在与生俱来的知识、偏好或本能。即便存在先天的天赋或技能，其作用也会大大小于后天学习的作用。在天性—环境的争论中，行为主义者坚称环境决定行为，行为主义的创始人约翰·华生曾在《行为主义》一书中说："给我一打健全的婴儿，并在由我所造的特别世界里将他们养育成人，我可以保证，随意选择任何一个婴儿，我都能把他培养成我所选定的任何类型的人——医生、律师、艺术家、商人，甚至是乞丐和窃贼，不论他的天赋、倾向、能力，抑或是其祖先的才能和种族。"

行为主义者认为，攻击性行为、对狗的恐惧或学习困难都取决于个人的学习史，这一点可以通过经典条件反射和操作性条件反射的假设来解释说明。然而，有一些行为观察结果并不符合此理论框架。

行为主义的局限

哲学家托马斯·库恩的《科学革命的结构》(*The Structure Of Scientific Revolutions*，1962）认为，只要新证据不与现行理论方法的基本假设相矛盾（库恩所谓的“范式”)，那么科学就仍然在直线进步。当基本理论无法针对观察结果给出令人信服的解答时，就会出现范式危机。起初，科学家试图将这些观察结果作为反常现象加以否定，并增加新的理论假设，以便在现有范式的框架内对其进行解释。只有当难题困难到无法用旧的范式来解答新的现象时，才真正到了用新范式来取代旧范式的成熟时机。这种从一个范式到另一个范式的彻底改变往往在短时间内发生；库恩将这种突然转变称为“科学革命”。本节主要讲述与行为主义相悖的观察结果。下一章则围绕认知心理学展开。在 20 世纪 60 年代，认知心理学在短短几年内就取代了行为主义，成为主流范式。

要想打破行为主义的基本假设，必须能够证明，有些类型的学习无法用经典条件反射或操作性条件反射的原理进行解释。

行为主义范式的框架内无法解释的第一个现象为爱

德华·托尔曼的无奖励刺激实验。在他 1948 年的文章《鼠与人的认知地图》(*Cognitive Maps In Rats And Men*)中，根据操作性条件反射的原理，老鼠应该只有在得到奖励的情况下才能够学会到达迷宫的目的地。与行为主义原则恰恰相反，托尔曼证明，先让老鼠探索迷宫，经过数次探索后，仅给予到达目的地的老鼠一次奖励，而此类老鼠对探索目的地的学习与另一类始终获得奖励的老鼠一样好。

老鼠在无奖励刺激的条件下走迷宫，依然获得了对迷宫位置的认知，这种隐性学习使老鼠获得了一定的学习成果，一旦实验者给予奖励，老鼠便迅速地将隐性学习的成果运用起来，快速找到迷宫的正确路线。

因此，在托尔曼的实验中，即使没有奖励，老鼠依然获得了对迷宫的位置的认知。这种现象被称为隐性学习。仅凭效果律和强化原则无法解释此现象。托尔曼从他的实验中总结得出结论：自由探索足以让老鼠学会迷宫的空间设置;它们因此获得了托尔曼所谓的认知地图，也就是产生于记忆中的现场地图的模型。最新的研究，如莫泽等人的《海马体结构的空间表征：历史》(*Spatial Representation In The Hippocampal Formation: A History*, 2017)发现了认知地图的生物学基础以及通过探索获得认知地图的方式。

其次，人们可以从观察中学习；这是另一个操作性条件反射难以解释的发现。在一项经典的研究中，阿尔伯特·班杜拉让幼儿园的孩子们观看一个影片片段：成年人攻击了一个真人大小的娃娃；他会击打娃娃的鼻子，敲它的头或说具有攻击性的话。在影片中，这个成年人作为榜样会因为攻击娃娃而受到奖励或惩罚。一组儿童观察到，榜样因攻击而得到糖果和柠檬水以作为奖励，而另一组儿童则观察到成年人因攻击而受到重罚，前者在面对娃娃时表现出了较后者更强的攻击性。孩子们似乎从观察中学习了，当榜样获得奖励时，他们就会因攻击获得奖励，而当榜样被惩罚时，他们就会因攻击也被惩罚；也就是说，像操作性条件反射中那样直接强化或惩罚攻击性行为根本没有必要。班杜拉测试了第三组儿童，这一组儿童所观察到的榜样既没有得到奖励也没有得到惩罚。有趣的是，这一组儿童的行为与那些看到榜样得到奖励的儿童相似：他们模仿了具有攻击性的榜样。

这个观察学习的实验不仅扩展了学习理论，而且还反驳了一项关于如何减少攻击性的著名理论。古代哲学家亚里士多德认为，通过让人们以旁观者的身份目睹暴力，可以减弱人的攻击性。这种“宣泄”机制被称为净化[1]。后来，西格蒙德·弗洛伊德将这个想法纳入其理论中。简单来讲，人们可以通过观察攻击行为来避免自身进行攻击行为。目睹暴力的效果与亲身实践的效果相同，但前者对社会的危害更小。这个想法不可谓不崇高，但班杜拉的研究已经将其推翻。事实上，关于观看暴力的大量研究和历史数据表明，净化并不奏效。相反，观察暴力行为实际上会促使儿童和年轻人未来采取暴力行为。这与“宣泄”的初衷相矛盾。

综上所述，关于隐性学习和观察学习的研究表明，单凭条件反射的原则不足以解释行为。人们并不是简单地对环境做出反应，而会根据对情况的分析来采取行动。认知地图、记忆和观察学习等表达都属于认知心理学的范畴。

① “净化”的德语为 Katharsis，源于希腊语 κάθαρσις。作为宗教术语意为“净化”，作为医学术语意为“宣泄”。——译注

第二章
填充黑匣子：认知心理学

高中毕业后，阿德里安决定成为一名建筑师。他认为建筑师的失业风险小，薪水高，就业前景好。这种思维方式被认为是功利的，是理性决策的标志。人们会权衡一项行动的利弊，并根据最大预期效用做出决定。行动的预期效用由两个因素决定，即成功概率和行动价值。对阿德里安来说，如果他很有可能通过考试，而且他看重成为建筑师带来的结果，例如高薪或这份工作带来的愉悦，那么学习建筑专业对阿德里安来说就有很大的预期效用。这种类型的理性被称为工具理性，人们在做决定时，关注的是如何找到能达到特定目的的手段。该理论假定人们在确定预期效用时拥有并使用完整的信息。

在传统经济学中人们被视为决策者。他们会计算最大的预期效用，找到最佳行动方案。人们被看作最大化者。在本章末尾我们将看到，人们并不总是按照理性的思考来行事，而会使用启发法，即经验法则，可以保障良好的决策，并节省时间。从这个角度来看人们则是满足者，他们满足于第一个令人满意的结果。

无论人们是计算预期效用还是运用启发法，重要的是引领人们行动的思想。但"思想"一词本就属于行为主义的黑匣子，因而出现了一种新型心理学，即认知心理学。

与行为主义相反，认知心理学研究刺激与行为反应之间的心理过程。认知心理学家认为，刺激输入后，首先会被感知，然后被分类并得到诠释，从而能够被储存在记忆中。之后，可以提取存储在记忆中的信息，为推导结论、判断和决定做准备，这些都是行为反应输出的前提。我们在下文中可以看到，如何诠释刺激或情境对行为具有决定性的影响，这就解释了为什么两个人在同一情况下会采取不同的行为。

认知是指信息的接收（或编码）、储存、加工和提取。认知包含诸多心理活动，如感知、分类、记忆、思考、语言、判断和决策。回顾前文所述，行为主义者希望将心理学限制在对行为的研究上，因为他们认为无法对内部的、认知的过程进行科学研究。然而，20 世纪 50 年代计算机的发明和引入使认知过程得到了更深入的研究。

为实现研究目的，假设人脑是计算机，认知过程是程序。大脑是硬件，思想是软件。心理学家不能直接观察认知过程，但他们可以用特定方式加工输入（所感知到的刺激），使得输出能够展示程序，也就是心理过程。

感知与注意

信息的获取始于对周围环境中物体的感知。而注意指的是，我们的目的、兴趣或环境中引人注目之处将我们的感知引向某些对象的过程。我们先来讲讲感知，然后再讨论注意。

感　知

首先我们要感知到一个客体。人类能够感知到一个客体的极限被称为绝对阈值。人类拥有非凡的感知能力。在没有其他光源的黑夜，人们能够看到约 50 千米外燃烧的蜡烛，还能在安静的环境中听到6米外的钟表声。

我们不仅能感知物体，还能感知人，尤其是人脸。人脸感知是特殊的。可以从认知、临床和神经科学三方面的研究进行佐证。在一项现已成为经典的实验中，田中和法拉赫在《人脸识别中的部分和整体》（*Parts And Wholes In Face Recognition*，1993）中将人脸感知与物体感知进行了比较。最初，人们能看到完整的安东尼娅的照片，而后只能看到一个鼻子。在这种情况下，人们很难辨别这是否是安东尼娅的鼻子。但如果安东尼娅的鼻子和脸一同出现，就能轻而易举地将其识别出来。这一现象表明，人们会将脸部作为一个整体进行感知。与此相反，如果人们先看到一整栋房子，然后只能看到一扇窗户，但是人们仍完全可以凭此判断这扇窗户是否属于这栋房子，准确性几乎和再次展示完整的房子图片一样高。人脸是特殊的，因为人们会将人脸作为一个整体进行感知，而物体则会被分解为各个部分。

面部感知的突出地位可通过“脸盲”这一临床证据进行佐证。脸盲又称面孔失认症，患者无法识别人脸。但此类患者在日常生活中似乎自有妙招，因为他们可以利用与脸部无关的线索（例如声音或衣服）来辨别人。这种失认症仅限于人脸。一名在数次中风后罹患面孔失认症的患者证实了这种说法。这名患者养了一群绵羊。虽然他无法辨认亲属的面孔，但他却能够完美地分辨出羊的面孔［参考麦克尼尔、沃林顿的《面孔失认症：一种面部特异性疾病》（*Prosopagnosia: A Face-specific Disorder*），1993］。

最后，大脑成像研究表明，在大脑的视觉系统中，有一部分是专门用于脸部感知的。人们只有在看到面孔时，这部分才会被激活，看到其他物体或人手时则不会。所有此类研究皆表明，人脸识别是特殊的，与识别物体或其他身体部位大不相同。

注　意

当我们感知环境时，我们常常会把注意力集中在一个客体上，而忽略了其他客体。部分研究人员认为，注意力是一个过滤器，它在信息接收的初始阶段就过滤掉所有不相关信息，以确保只有相关信息会被处理。然而，有两个现象与这个简单的过滤器模型相矛盾。第一个是鸡尾酒会效应。当你在聚会上同旁人交谈时，你的注意力会完全集中在对方身上，而忽略了周遭发生的一切。但当你听到有人叫自己的名字时，就会把注意力转向其他对话。因此,你未曾关注的信息实际上并未被过滤掉。

第二个相悖的现象则是所谓的斯特鲁普效应。在这个著名的实验中,受试者在一页纸上看到了20个蓝色、红色、绿色和黄色的色块。受试者必须尽快说出正确的颜色。在第二轮实验中,受试者将看到“蓝色”“红色”“绿色”和“黄色”的字样。重要的是,每个词的意思与标示它的颜色并不相符。例如,“蓝色”是用红墨水写的,“黄色”是用绿墨水写的,“红色”是用黄墨水写的。如果看到用红墨水写的“蓝色”字样,那么受试者必须说“红色”。事实证明,说出用“错误”颜色书写的字词的墨水颜色比说出色块的颜色需要更多时间。由于阅读是一种根深蒂固的技能,我们无法过滤掉表述颜色的字词,从而干扰对字词墨水颜色的辨别。在这个案例中,大多数人不能控制自己的注意力,而会不由自主地读出字词所表示的颜色。

自动处理是认知心理学和社会心理学的一个重要议题。自动过程具有极高的效率;它们常在无意识和无控制的情况下自动自发进行,比如我们上文所述的斯特鲁普效应。

有意识、受控制的和自知的过程比自动过程更准确,但它们也更慢。这就导致了速度和准确性之间的冲突。

基于前文所述的不同之处，我们可以总结为：完美主义者往往很慢，但可以达到很高的准确性；与之相反，知足者可以很快，但要以牺牲准确性为代价。

记 忆

自 20 世纪 90 年代早期以来，美国的“清白计划”已经凭借 DNA 证据成功平反了 300 多起冤案。据威斯特、韦尔斯的《目击者置信度与识别准确性之间的关系》（*The Relationship Between Eyewitness Confidence And Identification Accuracy*，2017），在超过 70% 的冤案中，目击者的误认起到了决定性的作用。其中究竟有何缘由呢？

我们可能最先想到的一点是，证人已经忘记了犯人的确切面部特征。遗忘的确是记忆的一个基本特征。正如赫尔曼·艾宾浩斯在 19 世纪末所述，信息尤其会在学习后的初始阶段被遗忘。人们还发现，信息并不会被简单地储存在记忆中，在检索时仍旧保持原样。记忆是一个建设性过程，记忆内容可能会发生变更。研究表明，一个人的背景知识在这个过程中发挥着重要作用，人们常常基于背景知识构建记忆，从而使事件变得合理、有意义。英国记忆心理学的先驱弗雷德里克·巴特莱特的研究表明，人们会自发调整对一个陌生故事的记忆，使故事变得更自然合理，易于理解。关于更多记忆方面的研究，可参阅巴特莱特 1932 年的著作《记忆：一个实验的社会心理学研究》（*Remembering: A study In Experimental Social Psychology*）。

记忆是一个建设性的过程，此观点给目击者的可信度带来了一定影响。如果我们认为记忆是一个存储器，证人可以原模原样地从中检索出信息，那么目击者的叙述就显得可靠。但事实证明，目击者的陈述是可塑的，并可能导致错误的宣判。

事实上，证人很难辨认犯人的面孔（参考《目击者置信度与识别准确性之间的关系》）；目光所见往往并非最优解，证人事发时承受着巨大的压力，他们眼神关注的往往是犯罪者的武器而非面孔。案发与目击辨认之间的时间间隔也起着一定影响。如果犯罪嫌疑人在案发后几个月才被抓获，那时证人对犯人的脸部记忆早已淡化。

误认是误判的一个常见原因。证人在指认罪犯时通常会看到嫌疑人及案件无关人员，通常共计 6 人左右。证人（通常是受害者）会被带入房间指认罪犯，抑或表明房内并无罪犯；毕竟有可能是警察怀疑错了人。

但是，应该如何选择列队辨认[①]的参照人，即那些与嫌犯站成一列的人？假如 5 名体格健壮的警察和 1 名涉嫌盗窃的吸毒者站成一排，证人可能会选择后者，因为他是唯一一个作风不良的人。解决此问题的一个方法是，让没有目睹案发经过的人也进行选择。如果这些无关人员指认同一名“嫌疑人”的次数过多，说明参照人的选择有问题；必须选用新的参照人。有证据表明，如果参照人与证人对罪犯的描述（而非嫌疑人）相类似，会更有利。如果参照人与证人的描述相符，那么所有参照人都具有相同的被证人选择的可能性。反之，如果参照人与嫌疑人相似，那么证人指认罪犯的可能性就会降低。

正如本节所述，记忆是一个建设性的过程，它在我们理解情境时起到至关重要的作用，目击证人就是一个很好的例子。然而，不仅在追溯记忆时会出现扭曲，辨别情境时也会出现这种情况。

---

① 列队辨认为刑事侦查的一种方法，指将嫌犯和其他具有相似相貌和身材的人混在一起，排成一行，让证人从中挑选出犯罪行为人或与犯罪行为相关的人。——译注

启发法与判断偏差

在一项研究中，当夫妻双方各自被问及自己做多少家务时，两人所陈述之和超过了 100%。家务总和绝不可能超过 100%，因此其中至少有一位高估了自己的比例。为什么会出现这种情况呢？最先映入脑海的是激励性解释，例如夫妻两人都倾向于从最好的角度看待自己。这种扭曲的判断可以用认知机制来解释。相较于妻子所做的家务，我更容易记住我做的那部分，这就导致我高估了自己所占的比例。在这种情况下，我通过启发法轻而易举地唤起记忆。启发法是一项经验法则，帮助人们在做出判断和决定时节省时间。当人们缺少信息，或者动力不足以支撑为做出决定而付出长时间思考时，就常常会借助启发法。启发法的优势在于速度快，且通常足以应付日常生活所需，但有时的确会导致判断偏差，会系统地偏离正确的评估。心理学家，比如阿莫斯·特沃斯基、丹尼尔·卡尼曼等人，研究了一些启发法，并发现了形形色色的判断偏差［参考的《不确定状况下的判断》(*Judgment Under Uncertainty*)，1974］。

若人们将判断建立在检索信息的便利性上，那么他们所用的启发法为可得性启发法。阿莫斯·特沃斯基和丹尼尔·卡尼曼通过以下实验对该启发法进行了说明：向受试者朗读一份名单，名单上写有 19 名著名男性和 20 名不太著名的女性，或者反之亦可（即 19 名著名女性和 20 名不太著名的男性）。随后，近一半的受试者必须判断名单上的男性更多还是女性更多，而另一半受试者则必须复述听到的名字。所听名单为写有著名男性的参与者认为名单上的男性更多；而对于所听名单为写有著名女性的参与者来说，情况正好相反，尽管名单上的著名人士越来越少。此外，相较于非著名人士，受试者记住了更多著名人士的名字。特沃斯基和卡尼曼的结论是，受试者依据其回忆名字的难易程度来估计男性和女性名字的出现频率。由于著名人士的名字更容易记忆，受试者因此认为名人所代表的性别在名单上出现的频率更高。

启发法常常导致判断偏差（英语为短而优雅的 Bias），正如关于家务比例的研究中所显示的那样，夫妻双方都会高估其所做家务的占比。高估自己的成就或者积极的个人品质，比如健康或成功，是非常常见的判断偏差。

本章开头对此假设进行了解释说明，即人们是理性的决策者，他们通过所拥有的完整信息计算预期效用。

然而，可得性启发法向我们证明了，可用的信息不一定准确。因此，借助可得性启发法做出的决定可能是错误的，或者至少是不精确的。在这种情况下，人们无法做出完全理性的决定。理性的另一个标准是恒定性。如果已经掌握了用于决策的所有信息，那么不论对问题的描述多么千变万化，都不应造成任何不同［参考丹尼尔·卡尼曼的《思考，快与慢》（*Thinking, Fast And Slow*），2011］。然而事实证明，人们打破了恒定性，他们会被相似问题的不同描述所影响，比如控制错觉和现状效应。

埃伦·兰格在《控制错觉》（*The Illusion Of Control*，1975）一文中提到一个经典案例。办公室职员有机会用一美元购买一张彩票。半数买家能够自己从一捆彩票中挑选，而其余买家的彩票则由实验员直接给出。几天后，实验员找上门来并告诉买家，其他职员也很想购买彩票，但彩票已经发放完毕了。实验员问买家愿意以什么价格出售他们的彩票。能够自由选择彩票的买家要价8.67 美元，而被给予彩票的买家则要价 1.96 美元。这就是一种控制错觉，因为买家认为，如果他们对彩票的选择享有控制权，那么彩票的价值理应更高。但事实并非如此，因为每一张彩票赢得大奖的机会相同。控制错觉挑战了人们是理性的决策者的假设，因为此实验结果与恒定性的标准相矛盾。事实上，不管是自己选择的彩票，还是被直接给予的彩票，其预期效用是一样的。

极为相似的现状效应则是，人们在面对本质相同的选择的情况下，倾向于选择所给出的选项。关于此偏差的一个戏剧性的例子可见于器官捐赠。在一些国家，人们如果想捐赠器官，就必须明确表示愿意在死后捐赠器官，此类国家的成年人中只有不到 30% 的人登记为器官捐赠者。还有一些国家，其人民会自动成为器官捐献者，如果不想捐献，则必须明确表达自己的反对意见，此类国家中的大多数人都会捐献器官，通常超过此国家成年人口的 90% [参考约翰、戈尔茨坦的《默认选项能拯救生命吗？》(*Do Defaults Save Lives?*)，2003]。现状效应也违反了假设的恒定性。人们是否必须明确同意或拒绝器官捐赠，不应改变其决定。

从关于启发法和判断偏差的研究中衍生了一个研究方向，该研究方向挑战了将人们视作理性决策者的经济学观点（参考《思考，快与慢》）。事实上，个人行为常常与理性原则相矛盾。这是否使人们变得不理智？在日常生活中，启发法似乎在大多数时候都能带来令人满意的解决方案，但在特殊情况下却会让人误入歧途。赫伯特·西蒙在《人类行为的不变量》(*Invariants Of Human*

Behavior，1990）一文中提出了“有限理性”（bounded rationality）的概念，用于描述此事实，即人们并不会像理性决策理论所假设的那样将行为结果完美化，而是满足于一个足够好的解决方案。

购物时做出的决定是佐证“满足”的绝佳案例。当人们迁入新的国家，不得不在各种各样的新牙膏品牌之间进行抉择时，几乎没有人会根据一切可能的质量标准来评估所有品牌，而会简单根据牙膏是否含氟、气味是否宜人来决定购买哪一款。

让我们回到阿德里安想要成为一名建筑师的决定。认知理论认为，阿德里安权衡了学习建筑专业的利与弊。然而，他关于利弊的过度思考可能会导致判断偏差，以至于他可能会对成功机会持过于乐观的态度。但阿德里安的决定并不仅仅取决于他的想法，他的动机也起着决定性作用。这就引出了下一章的主题。

第三章

行为受何控制：动机和情绪

行为背后的原因总是令人好奇。为什么约翰认真学习，而凯文却恰恰相反？答案可能在于："动机"，即源于满足需求的愿望。动机是引领我们采取行动的驱动力。它指示着人们行为背后的原因。在日常语言中，"动机"一词常被循环使用。比如，约翰的老师可能会说，约翰之所以如此努力地学习，是因为他具有成为一名优秀学生的动机。同时，他们可能会总结称，约翰成为一名优秀学生的动机可见于他如此努力学习的事实。上述对"动机"这一概念的使用被称为循环。如果我们表示，动机B引起行为A，那我们就不能同时再从行为A中推断出动机 B。对动机 B 的推断必须独立于其可能导致的行为。

基础需求与动机

早期的动机理论认为，人们具有在特定情况下表现出固定行为的生物天性。即动机的本能理论。本能在动物界尤为常见。例如，康拉德·劳伦兹在 1937 年的论文《鸟类世界的伙伴》(*The Companion In The Bird's World*）中指出，刚出生的鹅崽会亦步亦趋地跟着它们看到的第一个移动物，通常是鹅妈妈。这种对于触发性刺激的特定且自动的反应是生物固有的，各个物种中的每一个个体都是如此；这些反应并非后天学习而来，也无法通过学习改变。

不同于动物的行为生物学，“本能”这一概念在人类心理学中曾并无甚成果。起初，心理学家只是引入了一些基本的本能行为，例如觅食或交配。之后，心理学家找到了越来越多的本能，以用于解释人类行为。直至 1924 年，心理学家已经提出了 14000 多个不同的本能行为。

与触发性刺激的简单反应相比，人类行为更为复杂。所谓的本能可能是以复杂机制为基础的。此外，“本能心理学家”也受限于这么一套循环式定义。当被问及母亲为什么关心她的孩子时，答案是母亲的本能。当被问及如何知晓这是母亲的本能时，答案是，母亲对孩子的关心有目共睹。出于以上种种原因，“本能”一词不再被用来解释人类行为。

研究动机的另一途径则是基于此假设：人们有需求，例如饥饿和口渴。满足这种需求是生存的必要条件。人们需要为自身摄入能量，以平衡其日常活动的能量消耗。如果一个人没有吃饱，那他就会产生内驱力。内驱力是一种内部张力，它促使有机体采取行动缩小最佳状态（饱食）和目前状态（饥饿）之间的差距，从而恢复到平衡状态。这就是克拉克·赫尔在《行为的原理：行为理论导论》（*Principles Of Behavior: An Introduction To Behavior Theory*，1943）中所说的内驱力降低说。赫尔是一位行为主义者，他将学习原则与驱动理论相结合。当白鼠饥饿时，它想要得到食物。斯金纳箱中的白鼠按下杠杆，得到了食物，食物奖励与降低饥饿导致的内部张力相关，从而导致内驱力减少。对赫尔来说，强化即降低内驱力，任何降低内驱力的行为都会被不断重复。

然而，当议题不再局限于诸如食物、水和性等无可置疑的需求时，内驱力理论就会和本能理论一样，受限于循环式定义的问题。尽管弗洛伊德在其精神分析学中也频频提及内驱力这一概念，但现代的动机理论中已不再使用此概念。而“需求”一词则沿用至今。

最著名的动机需求理论为亚伯拉罕·马斯洛的需求层次理论（即生理需求、安全需求、社会需求、尊重需求、自我实现的需求）。最底部的是生理需求，如饥、渴和性。其次是安全需求，如有所依，有所居，免受苦痛。社会需求包含爱情、家庭和友情。尊重需求与成就和认可有关。马斯洛金字塔的顶端是自我实现的需求，是指发挥个人的潜力到最大限度。马斯洛认为，独立者的理想状态应该是对新事物保持开放，且思维独立。除了培养创造精神和崇高的民主理想，自我实现者还应追寻思想与意义、内心的接受、包容与理解。

马斯洛认为，需求层次体系中位于底部的都是较为基础的需求。只有在低层次的需求得到满足后，高层次的需求才会产生，也才能得到实现。比如，尚未解决温饱问题的人无暇顾及安全问题，无家可归和孤苦伶仃的人不会考虑到社会认可甚至自我实现。尽管马斯洛的假设看似合理，且对主流文化产生了一定影响，但针对需求层次体系的研究却很少，并且鲜有证据能够支撑其假设。然而，当经验性证据与行为主义的核心假设相矛盾之后，需求层次理论演化成了自我决定论。

根据行为主义原则，人们会对奖励和惩罚做出相应的反应；这些都是外在的动机来源，比如金钱、赞美、荣誉和权力之类的奖励。这种形式的动机被称为外在动机。与之相反，内在动机则指出于实现自身意愿所激发的行为，如个人爱好或者孩子们的游戏。

自我决定论的核心是三项基本的、与生俱来的需求，三者共同构成了人类行为的内在动机［参考爱德华·德西、理查德·里安的《人类行为的内在动机和自我决定》（*Intrinsic Motivation And Self-determination In Human Behavior*），1985］。第一，自主需求，指个体可以根据自己的意愿自主选择所从事的活动，当个体意识到自己拥有决定行为的权利时，会因此受到激励。第二，胜任需求，可参考马斯洛的自尊需求，是指个体希望展示和应用自己的能力。第三，归属需求，是指个体希望能够归属于家庭或团体，并被其接纳，可参考马斯洛的社会需求。个体会因此受到激励，参与有利于加强团体联系的活动。

受自我决定论启发，许多研究喷涌而出，并受到了教育工作者的欢迎。基于自我决定论，学生从内部激励，而无须教师采取任何奖励或胁迫手段。如今，人们将研究方向转向激励方法，将教材个性化，或让学生自主选择教材，最大限度地满足其个人兴趣。从认知理论出发，我们可以向孩子们强调知识对日常生活或实现理想工作的益处，或者选用符合孩子兴趣的教材。

让我们回归本章开头的例子。凯文之所以没有动力学习，可能是因为他在学习上缺少自主决定权，也有可能是他还没有认识到学习可以为他带来的好处。而约翰则是出于自身意愿学习，因为他能够在学校展示自己的才能，也因为他明白学习有助于实现自己的职业理想。

为了躲避狗，丽莎情愿绕远路，这是出于何种动机呢？显然是恐惧。正如下文所述，情绪中包含着行为倾向，从而激励行为。

什么是情绪？

在日常生活中，我们不难理解“丽莎害怕狗”这句话的含义。但在学术领域内，恐惧和情感通常会难以理解得多。我们通常认为，当丽莎遇到狗时，她因为害怕狗而逃跑。威廉·詹姆斯是心理学之父中的一位。他挑战常理，假设丽莎不是因为害怕狗才跑开，而是因为躲开狗才感到害怕。丽莎看到一只狗，然后跑开，最后出现生理反应，如出汗、心悸和腹鸣。这些反应都来自内部器官，心脏和消化器官尤其影响情绪。詹姆斯认为，这些伴随着逃跑行为而来的身体反应即为恐惧，而不仅仅是恐惧的表达。因为丹麦医生卡尔·兰格几乎在同时发表了相似的理论，因此该情绪理论被称为詹姆斯—兰格情绪理论。

生理学家沃尔特·坎农 1927 年的论文《詹姆斯—兰格情绪理论：批判检验和替代理论》（*The James-Lange Theory Of Emotions: A Critical Examination And An Alternative Theory*）基于不同的经验性证据对詹姆斯—兰格情绪理论提出了尖锐的批评，主要涉及以下几点。

第一，根据詹姆斯—兰格情绪理论，大脑与躯干的分离会导致动物无法表现出构成情绪的生理反应，因此此类动物不应该有任何情绪。然而，围绕猫和狗展开的实验研究表明，将内脏器官与大脑完全分离并不会明显改变情绪反应。而后的研究还表明，脊髓损伤者对情绪的感知度与脊髓完好者极为相似。第二，生理反应与特定的情绪一一对应；也就是说，恐惧、愤怒、快乐等情绪应各自对应特定的生理状态。然而，同样的生理状态，可以发生于不同的情绪状态和非情绪状态。第三，如果是内脏器官引发了情绪，那么这些内脏器官就必须非常敏感。然而，消化器官尤其不敏感；消化器官中仅有少量用于接收神经信号的感受器。因此，内脏器官无法带来丰富的情绪。第四，情绪可以被立即感受到，而内脏器官的变化太慢，不足以成为情绪的来源。

詹姆斯—兰格情绪理论的最后一项假设认为，注射肾上腺素（一种可以激活内脏器官的物质）应该会导致被注射者产生强烈的情绪反应。马拉尼翁的研究《肾上腺素的情绪作用》（*Contribution à l'étude de l'action émotive de l'adrenaline*，1924）表明，实际情况通常并非如此。马拉尼翁发现了一种例外情况：当受试者想到强烈的情感事件，例如父母去世或孩子病重时，会感受到情绪反应。这一观察为沙赫特和辛格的情绪双因素理论奠定了基础。在《情绪状态的认知、社会和生理决定因素》（*Cognitive, Social, And Physiological Determinants Of Emotional State*，1962）一文中，该理论认为，人们首先感受到生理唤醒，然后必须对生理反应进行认知。因此人们会判断该生理反应是否积极或消极。情绪也相应地被评为积极或消极。生理唤醒引发情绪唤醒；对生理唤醒的认知解释则决定了情绪唤醒。

双因素理论最受争议的一点是，人们在日常生活中很少体验到生理唤醒，因而也无须对其进行阐释。在大部分情况下，我们清楚明白应如何对当下所处情境进行评价。而后，这种评价似乎会引发生理唤醒和情绪唤醒。因此，双因素理论并没有错，但它只能解释情绪产生中极小的一部分。

双因素理论认为，情绪源于对无法解释的生理唤醒的认知解释，而评估理论则将“情绪”一词定义为一种状态，由多种成分构成。最著名的评估理论之一由克劳斯·谢勒提出的。他的《论情绪的本质和功能》（*On The Nature And Function Of Emotion*，1984）认为，每一种情绪都有特定的组成部分：认知部分，解释并评估情境；生理部分，用于调节身体反应；情绪部分，反映并监测心理过程；表达部分，控制与外界的情绪沟通；最后是行为倾向，作为对行为反应的准备。

评估理论认为，认知部分决定了情绪类型，即快乐、恐惧、愤怒或悲伤，这与双因素理论的假设不谋而合。对于同样的情况可以有不同的解释，因此同样的情境中可以产生不同的情绪。但评估理论家发掘了超越双因素理论的证据，即对情境的认知解释会影响生理唤醒。此发现与双因素理论的假设相矛盾，即首先出现生理唤醒，而后才会进行认知解释。

在一项著名的研究中，即斯派斯曼等人的《基于自我防御理论的实验性减压》（*Experimental Reduction Of Stress Based On Ego-defense Theory*，1964），受试者观看了一部关于生殖器割礼仪式的影片。对于第一组受试者，影片中的解说鼓励他们站在一个对割礼的技术层面感兴趣的科学家的角度，从超然角度来看待这部影片。对于第二组受试者，影片中的解说则鼓励他们批判割礼所造成的伤害和痛苦。而第三组对照组则听到解说强调割礼所带来的创伤性后果。与第三组相比，前两组表现出的生理唤醒更少。从科学的角度看待割礼，并批判其负面的后果，既减少生理唤醒，又降低情绪强度。

评估理论家认为，个体不仅仅只是将所处情境评价为积极或消极，而且还会判断自己是否能达成目标或抵御威胁。这就是所谓的应对潜力。下面通过例子进行说明。愤怒和恐惧之间的区别是什么？当人们处于这两种情绪中时，会感知到一种故意引发的威胁，它打断了正在进行的活动，干扰了实现目标的进程。就此方面而言，愤怒和恐惧基于相同的评估。两者的区别在于相应的应对潜力。如果个体认为自己有可能抵御威胁，那么他会感到愤怒，包括采取攻击的行为倾向。另一方面，如果个体认为自己面对威胁毫无胜算，例如丽莎遭遇狗，那么他会感到恐惧，包括逃离的行为倾向。与行为倾向相对应，愤怒和恐惧在面部和身体反应上也各有不同。愤怒的反应使人准备好进攻；恐惧的反应使人准备好撤退。

评估理论认为，情境由对情境的诠释和评估决定。评估理论家对于情绪如何产生于高级认知过程，如诠释和评估，做出了合理的假设。但是，这一假设似乎略显荒谬，即基本情绪由复杂的认知过程决定。实际上，动物如猫和狗也会表现出恐惧。

正如前文所述，评估理论家认为，恐惧产生于对情境进行评估的过程，在此过程中，存在着个体无法应对的威胁。近年来，神经科学家推测，人类和动物具有一个恐惧模块，可以被立即激活。此推测可能是合理的，的确存在一条快速神经通路通向杏仁核，这是大脑中处理情绪的重要中心。当个体看到蛇时，信息进入丘脑，并从此处通过两条神经通路进行传输，一条快速通路直接通往杏仁核，另一条稍慢些的通路则通往大脑的视觉部分，在此处对所见物体进行定义。因此，在个体知道所见物体为蛇之前，眼前危险的相关信息就已经到达杏仁核了［参考约瑟夫·勒杜的《情绪化的大脑》（*The Emotional Brain*），1996］。因为快速做出反应才是最重要的，所以恐惧模块的构建方式如上所述，个体并不会先去看所见物体是否真的是一条蛇。既然遇见蛇的最坏结果是被其咬死，那么即便所见其实是一根树枝，我们也会乐于接受。

回到威廉·詹姆斯的问题：什么是情绪？到目前为止，我们已经搜罗了不同的答案。詹姆斯认为，情绪是对身体反应的觉察——丽莎之所以感到害怕，是因为她在躲避狗，她的心脏同时也在激烈地跳动。此理论后来遭到了坎农的批判。然而，马拉尼翁的研究表明，只有当个体想到强烈的情感事件时，生理唤醒才会引发情绪的产生。此研究为情绪双因素理论奠定了基础，此理论本身并无错处，但其阐释的情境在日常生活中少之又少。相比之下，认知评估理论更贴近日常生活，它认为情绪产生于对所处情境和应对潜力的评估。近年来出现的脑部相关的理论则对评估理论提出了挑战，尤其在涉及恐惧时。这些新理论与大脑密切相关。

第四章
大脑与基因

我们在上一章末尾讨论到了恐惧模块，恐惧模块是大脑的一部分。行为、思想和感受都以人类生物学为基础。本章第一节涉及大脑与心智之间的关系。第二节则解释了大脑认知研究的方法，特别是成像技术。最后一节围绕行为和心智功能的遗传问题展开。

大脑与心智

上一章结尾所讲述的大脑信息处理过程帮助我们理解了为什么我们在知道物体是否是蛇之前就会退缩。对蛇的反应的两个要素是杏仁核的激活和对恐惧的体验。但问题在于，杏仁核的激活如何能引发对恐惧的体验。更广泛地说，大脑过程如何能引发心理过程？反之也值得考量。在一次徒步旅行中，我想指着某棵特定的树，并移动我的食指。用手指树是我的意图，但意图如何能控制大脑区域和肌肉？更广泛地说，心理过程如何能引发大脑过程？在现代心理学中，目前主要有两种观点可以用来解释大脑和心智之间的关系，即二元论和唯物论。

心智和大脑的二元论认为，必须将心智和大脑分开看待。恐惧和意图属于心智，杏仁核的激活、大脑区域与肌肉的控制则属于大脑。尽管二元论受到了广泛认可，但仍有一个悬而未决的问题，即心理过程如何能转化为大脑过程，反之亦然［参考大卫·查默斯的《有意识的心灵：一种基础理论研究》（*The Conscious Mind: In Search Of A Fundamental Theory*），1996］。目前尚未发现任何机制，可以用来解释杏仁核的激活如何触发恐惧感，或者移动手指的意图如何触发手指肌肉的激活。

关于心智和大脑如何进行交互这一问题，似乎无答案可寻。因此一些理论家认为，或许根本不存在心理过程这种东西。我们在日常用语中所说的"看""想"和"感觉"，不过是大脑过程罢了。此类观点即唯物主义，它认为所有的心理过程都是大脑过程的副产品，最终可以通过生物化学原理进行解释。

围绕心智与大脑的交互问题展开了一系列研究。让我们来看看下文的两个例子。第一个是关于大脑中的意图和运动准备的关系，此研究也给自由意志的问题带来了一定影响；第二个是期望之于缓解疼痛的作用，即所谓的安慰剂效应。

根据一般猜想，人先有意图，然后根据意图行事。例如，朵拉首先有移动手指的意图，然后才移动手指。然而，棘手的难题在于，多拉的意图如何导致手指移动。关于此问题的一项经典研究来自班杰明·利贝特的《无意识的大脑主动性和意识意志在自愿行动中的作用》（*Unconscious Cerebral Initiative And The Role Of Conscious Will In Voluntary Action*, 1985）。受试者坐在一个时钟前，时钟的指针移动得非常快。受试者需要记录下自己想要动手指的时候指针所处的位置。同时，利贝特还测量了所谓的准备电位，即与运动准备相关的大脑信号。凭借此，利贝特将朵拉的意图出现的时间和她开始准备动作的时间进行比较。根据我们的日常经验，我们预测朵拉首先会有移动手指的意图，然后大脑才会准备发出移动手指的指令。但恰恰相反，利贝特发现，早在意图出现的约 300 毫秒前，运动准备就已经开始了！此发现导致部分心理学家和哲学家认为自由意志只是一种幻觉。人们本以为，自己首先有意图，然后才据此采取行动；事实上，行动是预先确定的，而意图只是一个副现象，即一个不会对行动产生后续影响的事件。然而，利贝特还发现，受试者在意识到意图之后的 150 毫秒内仍然可以改变行动。因此，行动准备并不会导致后续无法更改行动。关于自由意志的理论讨论仍在进行中。

一个与现实更加密切相关的问题是，期望是如何作为一种止痛药有效地减少痛苦的？即使医生开的安慰剂不含任何治疗疼痛的效果，病人在服药后仍通常会感到疼痛减轻。安慰剂效应可以通过以下两种研究方法进行解释。首先，通过经典条件反射。巴甫洛夫曾提到其同事的观察结果。据该观察，一只狗在注射了吗啡后出现了呕吐情况。随后，当实验者准备好注射器，用注射器接触狗时，狗甚至会在被注射吗啡之前就会再次进行剧烈的呕吐。根据第一章中所介绍的术语，吗啡在这里是无条件刺激，其所诱发的呕吐则为无条件反应。后来，仅仅看到注射器（条件刺激）就足以再次诱发呕吐（条件反应）。经后来的研究证实，经典条件反射可以用于解释安慰剂效应。回到上述的问题。当我吞下一种能减轻疼痛（无条件反应）的物质（无条件刺激）时，我看到了药物的形状和颜色（条件刺激）。即便后来我服用的只是看起来像止痛药的安慰剂（条件刺激），疼痛（条件反应）还是会因此减轻。

除经典条件反射外，期望在安慰剂效应中也占有一席之地。为了区分条件反射和期望的影响，蒙哥马利和科茨在受试者的皮肤上施加电流使其感到疼痛，然后再给他们抹上药膏。实验者在涂抹药膏后减弱了电流，而受试者并不知情，他们在擦拭药膏后无一例外地觉得疼痛有所缓解，涂抹药膏从而成为条件刺激。而在另一组，受试者被告知了实验设计。如果受试者知道实验者在擦药膏时减弱了电流，从而减轻了疼痛，安慰剂效应就不复存在［参考《经典条件反射与安慰剂效应》（*Classical Conditioning And The Placebo Effect*），1997］。这项研究及后续研究并没有否定经典条件反射可以产生安慰剂效应的可能性，但期望很可能在安慰剂的效力中起着关键作用。

不管是利贝特的研究，还是关于安慰剂效应的研究，都无法解决心理过程如何影响大脑过程这一棘手的难题。二元论支持者认为，有一些尚不为人所知的机制会将头脑中的思维转化为大脑中的神经活动。唯物主义者则认为，所有过程都是大脑过程，因此完全没有必要进行从思维到大脑过程的转化。

大脑认知研究方法

认知心理学家苦于钻研用于研究思维过程的实验技术，打破行为主义的限制。然而，大脑研究也面临重大挑战。首先，人们只能满足于研究脑损伤和中风的影响。十九世纪六七十年代，生理学家在左脑半球（也就是大脑左半边）发现了语言产生和语言理解的区域。一些布罗卡区受损的病人表现为，无法通过言语进行表达，但他们能够理解语言。韦尼克区受损的病人则表现为，能够通过言语进行表达，但无法理解语言（上述区域在大脑中的位置可通过互联网查询到）。

这是一种双重分离。一些患者在产生言语方面表现出缺陷，而他们的言语理解力却保持完好；其他患者则表现出相反的模式，他们在言语理解方面存在缺陷，但仍能够产生语言。这一观察表明，语言产生和语言理解基于不同系统。双重分离在将不同功能分配至其所倚仗的不同系统方面起着重要作用。

对脑损伤病人的研究让大脑功能得到成功定位。视觉在大脑的末端枕叶进行处理，而执行功能则位于额叶，即大脑的前部。执行功能是指个体计划未来、控制行为和思考新想法的能力。由于额叶受伤而导致执行功能缺失的人常常表现得很冲动，因为他们无法抑制思想和行为，也无法抵制诱惑。

尽管脑损伤使人们对大脑功能有了新的认识，但仍旧存在一些局限性。首先，自然的脑损伤很少局限于一个可明确划分的脑区，而是往往涵盖数个区域，并且边界模糊。因此，还尚不可知感知、思维或语言方面的缺陷究竟是由一个被损坏的脑区、一个部分受损的邻近区域，还是由连接脑区与感觉器官或其他脑区的神经通路中断造成的。

其次，为达到研究目的而对人造成脑损伤是不道德的。因此大脑研究人员不得不进行动物研究，或出于医疗原因对人进行大脑手术。一项通过老鼠展开的经典研究可以证明，当大脑皮层（大脑的外层）缺失时，记忆也随之消失。因此，记忆肯定是存在于大脑皮层的某个地方。卡尔·拉什利试图找出记忆具体储存在大脑皮层的哪个位置。在他的实验中，老鼠知道了在迷宫的哪些位置可以找到食物。随后，拉什利切除了老鼠大脑皮层中的一块特定区域。然后再测试老鼠是否仍然能够找到食物所在的位置。在研究结束时，拉什利依次切除了大脑皮层的所有部分，但仍然没有找到一个特定区域——将其切除后，关于迷宫中食物位置的记忆会随之消失。拉什利从此研究中得出结论，他在《寻找记忆痕迹》（*In Search Of The Engram*，1950）一文中宣称记忆并不局限于大脑中的某个特定位置，而是广泛分布于大脑皮层各处。

为抑制癫痫症发作，患者会选择进行脑部手术。在类似手术中，斯科维尔和米尔纳切除了一位名叫亨利·莫莱森的患者的部分海马体及两侧的邻近区域，这位患者在医学界以其名字首字母 H.M. 而知名。切除这些大脑区域的确控制了癫痫症发作，但却带来了意想不到的副作用：亨利·莫莱森无法再形成新的记忆了［参考《双侧海马损伤后导致的近期记忆丢失》（*Loss Of Recent Memory After Bilateral Hippocampal Lesions*），1957］。事实证明，海马体对记忆的形成至关重要，这一假设可以在许多研究中得到佐证，特别是在动物实验中。切除海马体产生的强烈副作用很快就被发现，因此该手术便不再进行了。

自然脑损伤的第三个局限性在于，只有在病人死亡后，在对其进行解剖的过程中才能确定病人大脑损伤的确切位置。新型脑成像技术的出现，使得此局限性已基本消除。此外，新型脑成像技术也让脑损伤的诊断有了极大的改善。

结构性脑部成像技术，如磁共振成像（MRI）可以提供大脑结构的相关信息。此类技术可应用于阿尔茨海默病、脑损伤或中风的可视化。

另一项可用于心理学研究的重要技术是功能性磁共振成像（fMRI）。此项技术的基本原理是测量大脑中特定区域在特定活动中所消耗的能量，例如看图片、听声音或做计划。大脑在工作时会消耗氧气，尤其是最活跃的大脑区域。流经大脑的血液含氧量可作为活动中能量消耗的衡量标准。脑成像技术常常被用来测量大脑在思维活动中最活跃的区域。例如，应用脑成像技术的研究证明，视觉信息位于枕叶，而记忆则在海马体形成。先前对脑部受伤患者和动物实验的观察也得以证明和澄清。

脑成像技术最有益的功能可能是澄清了悬而未决的理论问题。例如，为什么在青少年时期与成人时期学习第二语言的晚期双语者相比，在儿童时期学习第二语言的早期双语者更容易学会第二种语言？一种假设是，早期双语者将两种语言中的单一概念储存在记忆中的同一

“位置”；而此概念在“大脑词典”中只有一条内容。比方说，玛莉亚要描述昨天发生的某件事，她先用英语，然后再用西班牙语。如果玛莉亚是一名早期双语者，那么不论是用英语还是用西班牙语进行描述，玛莉亚所用的都是大脑中仅有的一条内容。反之，如果她是晚期双语者，她就必须从记忆中检索不同的内容来用两种语言描述同一事件。此假设很难通过认知心理学的方法进行检验。而通过神经学的方法，就可以看到两种语言对同一描述的处理是发生在重叠的还是不同的脑区。金姆、雷金、李和赫希等研究者在受试人员描述前一天的事件时，测量他们的布罗卡区活动，布罗卡区为语言产生的位置。在每次实验开始前，受试者都会被告知要用哪种语言进行叙述。研究人员发现，早期双语者激活了布罗卡区中的相同区域，而晚期双语者则激活了邻近的但明显不同的区域。此发现证实了前文所述的假设，并为早期双语者更易于学习两种语言以及成年人学习外语困难提供了合理的解释。

fMRI 等脑成像技术的优势在于高空间分辨率，可以对一立方毫米的片段进行清晰的成像。但另一方面，其时间分辨率非常低，在 fMRI 扫描的时间分辨率局限在数秒之内。这的确是一个棘手的难题，因为对感知信息的处理往往发生在前500毫秒内。

幸运的是，如果研究人员在研究大脑过程中需要高时间分辨率，那么可以通过测量事件相关电位（ERP）实现。这种研究方法从脑电图（EEG）衍生而来。它可以测量头皮表面源于大脑活动的脑电信号。脑电图源于20世纪30年代，已被用于睡眠等方面的研究。被接收到的形形色色的电信号波型证明存在不同的睡眠阶段。

ERP测量事件过程中的脑电活动。当刺激出现时，例如当人看到了某个令他惊讶的物体时，大脑活动会有轻微的变化，而这种变化可以被测量到。一项经典的实验范式是怪球范式，受试者会识别到一个与其他事件不同的事件。假设在一连串1000赫兹的音调中间冒出了一个2000赫兹的音调。在2000赫兹音调出现后约300毫秒，测量到的ERP比之前更明显。这种特殊的反应被称为P300，P300发生在人们经历意外刺激后，如在一连串1000赫兹的音调中突然出现2000赫兹的音调。识别环境中的不规律现象对我们的生存而言具有重要意义。因此，人体配备了用于检测此类不规则现象的注意机制。ERP与诸如怪球范式的注意力任务相结合，使研究人员能够在实验室中探索在自然界生存所必需的心理过程。

ERP 的劣势则在于其有限的空间分辨率，脑电活动的确切位置因此难以确认。研究人员只能判断，是大脑的左半球还是右半球，抑或是大脑的前半部分还是后半部分在活动。近来有将 fMRI 和 ERP 相结合的可能性，从而兼有两种研究方法的优势——fMRI 的高空间分辨率和 ERP 的高时间分辨率。虽然此方法使用难度大，成本也很昂贵，但它肯定会将大脑认知研究引往更好的未来。

让我们回到唯物主义。通过大脑过程来解释心智，已经取得了多少进展？ 回答是，进展并不大。我们目前对于解剖结构或电化学过程与心理过程的联系仅有一个粗略的概念；至于某种思想如何转化为生物化学结构或过程，我们尚无概念。

基因与行为

谈到年轻的烟民攻击提醒他注意禁烟规定的地铁员工，丽莎害怕狗，或凯文的学习困难时，非专业人士倾向于将他们的行为归为遗传所致。在上文提到的天性—环境争论中，他们站在遗传天性决定行为的那一方。

人类的特征通过基因代代相传，基因是遗传信息的载体。虽然有些生理特征，比如眼睛的颜色会通过单基因传递，但心理特征的遗传则更为复杂。数个基因组合在一起似乎会导致某种倾向，例如，早期的阿尔茨海默病或酒精成瘾症。近期的研究表明，神经系统疾病，如阿尔茨海默病或帕金森病，可以根据其基因组合而清晰地区分开。此类疾病似乎有其独立的神经学病因。而精神疾病则大不相同，如精神分裂症、抑郁症和焦虑症，无法根据基因组合判定为某项具体的疾病［参考文章《常见脑部疾病的共同遗传力分析》(*Analysis Of Shared Heritability In Common Disorders Of The Brain*)，2018］。直至今日，精神疾病的分类仍然是一个难题(见第八章)。

我们如何才能辨别某种行为或某项精神疾病是否是遗传的？自然界中的变化无常帮助研究人员区分基因和环境各自所占比例。双胞胎分为两种：一种是同卵双胞胎，他们具有相同的基因；另一种则是异卵双胞胎，他们平均有一半的基因是相同的，就像非双胞胎的兄弟姐妹一样。由于同卵双胞胎具有相同的遗传物质，根据该理论，同卵双胞胎之间的各项差异肯定来源于环境，即家庭、学校、饮食、书籍和玩具带来的智力发展等。但也存在一个问题。相较于异卵双胞胎，父母可能会为同卵双胞胎创造更为相似的环境。为了使环境影响具有可比较性，研究人员选择对各自被不同父母收养的双胞胎进行研究。如果我们假设，同卵双胞胎按照与异卵双胞胎相同的规则被不同家庭收养，那么这两类双胞胎的生长环境应大致相同。

例如，为了解智力的遗传程度，研究人员分别调查了同卵双胞胎和异卵双胞胎的智力水平。然后计算了第一个和第二个双胞胎之间的相关性——统计学上的相关性。如果智力是遗传的，那么同卵双胞胎的智力水平应该比异卵双胞胎的智力水平更为相似，换句话说，同卵双胞胎的相关性会更高。这种方法使得遗传性能够被计算，即在一个群体（例如所有成年德国人）中，一项特征的变异在多大程度上可以通过遗传来解释。对于智力、性格特征和心理障碍，如精神分裂症、抑郁症或酒精成瘾症，其遗传性高达 50%。但这也意味着，环境影响所带来的特征的个体差异则占 50%，甚至更多。

即使某种行为倾向是遗传的，但环境也同时影响着该行为是否会在日后表现出来。环境至少可以通过三种方式影响遗传信息的效果。

首先，环境可以影响遗传的程度。据观察，当儿童出生于富裕家庭时，其智力几乎完全取决于遗传。环境基本上不会发挥任何作用，因为环境已经达到了最理想状态了。相反，如果孩子出生于贫困家庭，智力刺激则各不相同。因此，《社会经济地位改变幼儿智商的遗传》（*Socioeconomic Status Modifies Heritability Of IQ In Young Children*, 2003）一文指出，环境因素的影响增加，遗传的作用减少。

其次，环境可以影响遗传行为的展露程度。在智力方面，遗传的并非确切的智商，而是一种潜能，可以理解为智商范围。例如，个体的智商范围可能在 110 到 130 之间（第六章会详细解释这些数字的含义）。假设两个孩子都有相同的遗传潜能。但其中一个孩子在具有智力刺激的环境中长大，而另一个孩子则在缺乏智力刺激的环境中长大，他接触不到书籍、刺激性游戏和为其答疑解惑的父母。在这种情况下，尽管潜能相同，但出生于具备智力刺激的家庭的孩子，很有可能会比没有这种刺激的家庭的孩子更聪明。

再次，环境可以通过三种途径影响遗传天性。第一，儿童通常成长于父母所塑造的环境中。例如，聪明的父母的孩子往往更聪明，这不仅是基因所致，还因为聪明的父母会为他们的孩子创造智力刺激性环境。第二，其他人对于遗传的行为倾向的反应。例如，与能力较差的孩子相比，成年人更倾向于与聪明的孩子讨论具有一定智力要求的话题；这种成年人的不同反应进一步强化了智力差异。然而，人们的反应也可以抵消遗传天性。例如，成年人可能会尝试让一个多动的孩子安静下来，或鼓励一个过于安静、被动的孩子活泼起来。由于活跃程度是特征的一部分，而且也是遗传的，因此成年人的反应可以抵消遗传天性。第三，儿童会选择与其遗传天性相匹配的环境。例如，一个多动的孩子更有可能选择符合其秉性的活动，如运动或舞蹈，而一个安静的孩子则更有可能选择读书或拼拼图。

基因经历了成百上千代人，从上一代传递到下一代。在此过程中，基因组合会发生变化，行为、思维和感觉的特征也会随之改变。这一长期过程被称为进化。如何判断某个特征是否为遗传，并且已经在自然史的进程中得到了进化？某项具体特征在进化过程中发生演变的一个迹象是其普遍性。所谓普遍性是指不论文化背景在所有人身上都会出现的特征［参考洛伦萨杨和海涅的《心理普遍性：它们是什么以及我们如何认识？》（*Psychological Universals: What Are They And How Can We Know?*），2005］。反之，如果某项特质依附于特定的文化，那么它就不具备普遍性，也可能不是基于基因传递的进化产物。普遍的行为方式，比如说，语言习得的技能或基本情绪的识别（微笑或愤怒）以及儿童对母亲和其他看护人的依恋。下文将涉及在配偶选择、语言习得和依恋发展中的普遍性。

第五章
人类发展

在前四章中，我们探讨了决定行为的因素，例如学习、思考、大脑过程和基因。针对此类过程的研究往往基于处在同一年龄段的受试者，且发生在某个特定的时间点。而发展心理学家则着眼于思维、感觉和行为随时间产生的变化。例如，从婴儿期到青春期。

什么是发展？

发展意味着定向改变。比如我们说，“他不够成熟”，“她小时候没有得到足够的爱”，或“他从未被教导过合乎礼节的言行举止”。第一种说法涉及成熟过程，第二种说法涉及从经验中学习，第三种说法则涉及社会化。这些是发展的三个基本机制。

先来看看成熟过程。当凯文面对学校教材表现出学习困难时，他的父母经常批评他“不够成熟”。正如心理学中经常出现的情况一样，一种表达方式的日常使用方式并不完全符合其在科学语言中的使用。

谈及心理学中的成熟时，它指的是生物发展的一个过程，比如身体发育。每个健康儿童的身高都在增长，身体发育是普遍的。发育期中的一个典型现象是，在儿童早期和青春期时出现生长高峰，而这两个阶段之间的生长速度则较慢。虽然环境因素，如营养或疾病，可以推动或阻碍发育情况，但兼有爆发式发育阶段和相对稳定阶段的发展过程独立于这些因素。这意味着，身体发育是一个生物过程，并具有遗传基础。

心理发展的一个例子是语言能力的发展，它发生在不同的阶段。和身体发育一样，语言习得也有阶段性，比如说，3 岁的幼儿突然学会了很多新的词汇。所有健康的儿童都能学会说话；语言习得的阶段顺序对所有儿童来说都是一样的。举一个简单的例子，所有儿童都是首先学会单字句，即用单个字进行表达，然后才学会说双字句，最后会说由三个或更多字组成的句子。语言习得能力是普遍的，因此是生物成熟的过程之一，环境影响只会带来细微改变。

成熟期有时还包含一个关键期，即一个年龄范围。在此范围内，儿童需要从环境中获得刺激以发展其能力。如果一个儿童在青春期之前根本听不到任何语言，那么他的语言习得的可能性就被切断了。语言产生和语言理解在青春期阶段位于左脑半球。因而个体在青春期后几乎不可能学会说话。因此，到约 13 岁或 14 岁为止的年龄阶段被认为是语言习得的关键时期［参考勒纳伯格的《语言的生物学基础》（*The Biological Foundations Of Language*），1967］。

控制发展的第二个机制是从经验中学习。根据行为主义者的观点，儿童通过联想（或联系）行为与所经历的后果来学习，例如，抚摸猫会感到舒适，触摸一杯滚烫的热茶会感到疼痛。我们一生都在从自己的经验中学习，比如我们学习骑自行车或驾驶汽车等。

第三种发展机制是社会化。在触碰了一杯热茶后，儿童从经验中知道灼热会带来疼痛。幸运的是，孩子不必亲身去体验所有的热源。父母可以直接说明亮着的电灯泡是烫的，然后（大多数）孩子就不会触碰它。儿童不仅从自己的经验中学习，而且也会从别人建议的行为举止和对因果关系的解释中学习。这种在文化背景中获得知识、行为方式、价值观和规范的过程被称为社会化。事实上，在发展心理学中经常出现发展究竟是基于成熟、经验还是社会化的争论，下文所述的认知发展也是如此。

认知发展

在过去的一百年里，对儿童思维和情感发展的研究取得了巨大进展。本节涉及认知发展方面的进展，着眼于皮亚杰的认知发展阶段理论，该理论出现在20世纪20年代到60年代。下一节则涉及情感和社会发展。

皮亚杰将认知发展分为四个阶段，这四个阶段相互依存：感知运动阶段、前运算阶段、具体运算阶段和形式运算阶段。

在感知运动阶段，儿童开始区分自我和环境，这对有意识的行为具有重要意义。在第一阶段结束时，最重要的成就是客体永存性，即儿童感知到了客体的永恒性，他们知道客体存在，即便他们看不到。年龄较小的儿童会对从他们视野中消失的物体失去兴趣，并且不再去寻找。几个月后，儿童可能会寻找被局部遮盖的物体或刚刚使用完的物体，但儿童很容易分心并放弃寻找。随着儿童在感知运动阶段的发展，他们开始在物体消失时寻找它，即便没有看到，他们也知道客体存在。

第二个阶段是前运算阶段，在这个阶段，儿童的思维表现为集中性和自我中心性。之所以说儿童的思维具有集中性，是因为儿童不能同时考虑一项任务的两个方面，这一点在所谓的守恒任务中可见一斑。守恒任务包括两个例子，一为数量守恒，二为体积守恒。为了研究3岁至8岁儿童的数量守恒，研究员将一排黑色硬币和一排白色硬币各自排成一排，排列时使两排硬币之间的距离都相同。这就表明，两排硬币的数量是一样的。实验员提问：是黑色硬币多，白色硬币多，还是黑白硬币一样多？所有年龄段的儿童都回答说两排硬币一样多。然后，实验员移动白色硬币，使硬币之间的空间变小。当实验员再问孩子时，只有年龄超过了5岁或6岁的孩子仍回答数量一样多。大多数更为年幼的孩子认为黑色硬币更多。

在前运算阶段接近尾声时，儿童发展出在多个领域都能兼顾同一任务的两个方面的能力。数量守恒并非一个孤立的发现，而是表明了人们可以观察到思维结构的一般发展。下面就要提到另一个著名的守恒任务，即体积守恒。孩子看到两个相同的矮而宽的玻璃杯中装满一样多的水，所有年龄段的儿童都意识到，杯子里的水是相等的。然后，实验员在孩子面前将其中一个杯子里的水倒入另一个更高但更细的杯子中。当被问及哪个杯子里的水更多时，只有超过 5 岁或 6 岁的孩子回答说两个杯子里的水是一样多的，大多数年龄较小的孩子认为高而细的杯子里的水更多。在这种情况下，低龄儿童的思维也表现出了集中性，因为他们不能同时考虑两个维度，此处是高度和宽度。

皮亚杰和英海尔德通过三山实验探究儿童的自我中心的思维方式，该实验用于衡量视角选择。此实验证明，处于前运算阶段的儿童无法从他人的角度看问题。儿童对面是三座山，其中一座山前面有雪，一座山上插着一面旗子。实验员在山的另一边放置了一个布偶娃娃，而后向儿童展示了不同视角的山的照片。儿童需要选择布偶娃娃视角下的山的照片。只有 7 岁到 8 岁的孩子正确选择了布偶娃娃视角下的山；3 岁到 4 岁的孩子则选择了从他们自身视角看到的山的照片。

认知发展的第三个阶段，即具体运算阶段，此阶段在儿童约 7 岁之后形成。儿童意识到，即使外部形式发生改变，但数量或体积等特征仍旧保持守恒。此外，儿童不再以自我为中心进行思考。然而，儿童的思维仍然停留在具体情境中，尚且没有能力系统地检验一个假说。比如说，假如要求儿童平衡杠杆式天平两端的砝码，他们没有能力系统地研究物体重量和它与杠杆中心之间的距离的影响，从而发现杠杆原理。只有从 12 岁左右的第四个阶段，即形式运算阶段开始，儿童才发展出抽象逻辑推理能力。

皮亚杰的理论受到了多方批评。部分研究，比如拜爱宗的《3 个半月到 4 个半月大小的婴儿的客体永存性》（*Object Permanence In 3½-and 4½-month-old Infants*, 1987）指出，儿童的认知能力发展得比皮亚杰假设的要早。比如说客体永存性，最早可以在儿童 3 个半月大时出现，而不是像皮亚杰假设的那样在儿童 2 岁以后才出现。然而，主要的批评来自俄罗斯心理学家列夫·维果斯基。

维果斯基批评了皮亚杰理论中的一项假设，即发展产生于内驱力，例如好奇心。维果斯基问道：儿童是如何学会解决问题的？他们首先自己尝试，一旦遇到阻碍，他们就会问父母或老师。儿童在一种文化背景中成长，通过与他人交流获得关于此文化的知识——发展的不同阶段可以被看作社会化的产物。因此，维果斯基的理论框架被称为社会文化理论，该理论认为儿童的发展由社会和文化影响决定。

尽管皮亚杰的部分理论已经过时，但他作为心理学界的一位杰出人物，几乎以一己之力探索了认知发展；尤其他的研究是在欧洲盛行精神分析以及美国盛行行为主义时进行的。皮亚杰的理论框架基本经受住了时间的考验。尽管略有变更，但其主体理论，例如客体永存性、数量和体积的守恒或视角选择，直至今日仍然适用，并且仍旧是各个认知发展理论的重要组成部分。诸多新理论在皮亚杰的理论框架之上蓬勃发展。

其中一项著名理论是科尔伯格的道德发展阶段理论，认为道德判断能力的发展包含六个阶段，从第一阶段的躲避惩罚到最后两个阶段的基于一般道德原则做出道德判断。与皮亚杰的认知发展阶段理论一样，科尔伯格的道德发展阶段理论也是一项阶段性理论；该理论基于儿童道德思维能力发展的假设。

然而，对道德原则的思考并不是发展道德判断能力的唯一途径。另一条研究路线认为，人际情感的发展是道德发展的基础，例如，同理心的发展，即理解和共享他人情感的能力。如艾森伯格在《情绪、调节和道德发展》（*Emotion, Regulation, And Moral Development*，2000）中所言，当个体拥有同理心时，他会理解他人的情绪状态，并表现出相似的情绪状态。这种情绪状态会指引具有同理心的人采取相应的道德行为。例如，当女孩看到男孩在受苦时，她会感同身受并安慰男孩。此种道德情感发展被视作文化背景下社会化的产物。该文化相关的观点与科尔伯格的道德发展阶段理论相悖，后者认为道德思维的发展是普遍的。

至于那个地铁站里年轻烟民的攻击性行为，一个猜测是他的道德感尚未发展完善。可能有两种解释：其一，这个年轻人缺乏道德思维能力；其二，由于他的成长经历，这个年轻人对其他人的痛苦缺乏同理心，而这种同理心恰恰能帮助他规范自己的攻击性行为。

情感和社会发展

西格蒙德·弗洛伊德提出了一个包括五个阶段的性心理发展理论：口腔期、肛门期、性器期、潜伏期、生殖期。弗洛伊德的性心理发展理论具有历史意义，因为除了口腔期，即儿童通过吸取母乳对母亲产生依恋外，缺乏可佐证此理论的经验证据。虽然弗洛伊德在心理学中引入了一些经不起仔细推敲的概念，但还是激发了开创性的研究。事实上，如果没有弗洛伊德，就不会有依恋理论。

二战后，人们对依恋理论越发感兴趣起来，原因有三。其一，在战争开始时，为躲避空袭有 70 多万儿童从伦敦撤离。这些儿童——其中有些还是学龄前儿童——不得不与他们的父母分离。其二，在战争期间，一些儿童失去了他们的父母，在条件简陋的孤儿院长大。其三，战后一些医院对儿童的探视时间进行了严格限制，例如每周两次，每次一小时。有些医院甚至根本不允许对儿童进行探视，即便是他们的父母。原因是避免危险的传染病散播。此外，年幼的孩子常常会在父母探视离开时大声尖叫，给护理人员带来了额外的压力［参考范德霍斯特的《约翰·鲍比：从精神分析到行为学揭秘依恋理论的根源》(*John Bowlby – From Psychoanalysis To Ethology. Unraveling The Roots Of Attachment Theory*)，2011］。

一方是负责儿童安全的人，另一方是认为分离对儿童有害的精神病学家，尽管从伦敦撤离引发了两方之间的激烈争论，但几乎没有关于分离造成的心理影响的经验证据。在二战期间和二战后，精神分析学家勒内·斯皮茨通过描述医院和孤儿院中的儿童状况，收集了相关经验证据。他所观察的儿童与父母分离，受到的激励极少，几乎不与护理人员接触；斯皮茨将这种状态称为医院症[1]。在这种状态下，儿童往往会变得消极，并患上抑郁症。儿童缺少的是依恋，即一个人对另一个特定人的情感依附，如母亲或其他看护人［参考爱因斯沃斯、贝尔的《依恋、探索和分离：以 1 岁儿童在陌生环境中的行为为例》（*Attachment, Exploration, And Separation: Illustrated By The Behavior Of One-year-olds In A Strange Situation*），1970］。

如何解释依恋？为了找到答案，约翰·鲍比（他本人就是一位精神分析学家）将目光投向了动物行为学。正如前文已简述的，康拉德·劳伦兹提出，刚孵化的小鹅会紧紧跟着它们看到的第一个移动物体。在自然界中，小鹅看到的第一个移动物体是母鹅。但在实验室里，小鹅会跟着一个木头人，甚至会跟着康拉德·劳伦兹本人。劳伦兹把这个过程称为印记。虽然印记不能解释人类的依恋情节，但在鲍比看来，对母亲的依恋是一种随着进化时间的推移而产生的适应性反应，以保障在生存中的有利条件。这非常符合伦理学的传统。儿童不仅需要食

① 医院症，又称依附性抑郁症（anaclitic depression）。——译注

物，还需要依恋对象，从其身上获得善意、安慰、关注、触摸和温暖。尽管此理论极佳，但鲍比的依恋理论缺乏经验证据。虽然关于医院症的研究表明，当儿童不能与母亲建立联系时会缺少什么，但未能证明儿童积极寻求对看护人的依恋。

第一个证据来自哈利·哈洛的动物研究［参考《爱的本质》(*The Nature Of Love*)，1958］。他把年幼的恒河猴与它们的亲生母亲分开。幼猴在笼子里有两个替代妈妈，一个是挂着奶瓶能提供奶水的铁丝妈妈，另一个是不提供奶水但表面柔软的布妈妈。幼猴大部分时间都和布妈妈在一起，只有在需要奶水的时候才会去找铁丝妈妈。这个实验表明，幼猴不仅需要食物，还需要身体接触和温暖。

玛丽·爱因斯沃斯的研究为人类婴儿的依恋提供了两组证据。首先，她分别观察了乌干达和美国的婴儿与母亲之间的互动［参考爱因斯沃斯、鲍比的《人格发展的行为学方法》(*An Ethological Approach To Personality Development*)，1991］。后来，她又用一项遵循精确流程的实验室研究补充了先前的观察（参考《依恋、探索和分离：以 1 岁儿童在陌生环境中的行为为例》)。最开始，母亲带着婴儿进入实验房间。3 分钟后，一个陌生人进入房间；3 分钟后，母亲离开房间。婴儿和陌生人单独共处一室，直到 3 分钟后母亲返回房间，陌生人离开房间。母亲停留在房间里，直到孩子安静下来并开始玩玩具。然后母亲说“再见”并离开房间，让孩子单独待 3 分钟（如果孩子哭闹得厉害，需要安慰，会将时间缩短），然后陌生人回来，在房间内停留 3 分钟。最后母亲返回房间。实验员则在隔壁的房间里观察婴儿与母亲、陌生人或独处时的行为。

通过对现实世界和实验室的观察，爱因斯沃斯发现了安全型依恋和不安全型依恋之间的区别。在孩子出生一年内，如果孩子一哭，他们的母亲就总是把他们抱起来，孩子就会形成安全型依恋。当母亲在场时，这些孩子会与陌生人交流并探索周围环境。母亲离开时，他们会感到悲伤；母亲回来后，他们会感到高兴。但在孩子出生一年内，如果母亲没有对孩子的情绪做出反应，孩子就会形成不安全型依恋。不安全型依恋分为两种类型。不安全—回避型儿童在母亲离开时没有表现出悲伤的迹象，而在母亲回来后，会避免与其亲近。不安全—矛盾型儿童在母亲在场时往往表现得被动，当母亲离开时表现出淹没性悲伤，在母亲回来后他们又表现得十分矛盾。

爱因斯沃斯的研究使鲍比相信，儿童会发展出内部工作模式——储存在记忆中的认知，这些认知源于他们与母亲之间的互动。如果母亲对孩子的哭声做出反应，从而对孩子的需求做出反应，把他们抱起来或安抚他们，孩子就会预期母亲未来也会这样做。但如果母亲对孩子的哭声没有反应，甚至做出消极的反应，孩子们就会发展出一种内部工作模式，表明母亲不会对他们的需求做出反应。鲍比假设，在不安全型依恋的基础上形成内部工作模式的儿童，在成年后更有可能预期其他人不会对他们的需求和感受做出反应，或者做出消极的反应。而这种预期可能会导致他们在伴侣关系中做出错误行为，如对另一半隐藏压力或感受。根据认知心理学的核心原则，引导人际行为的并非现实本身，而是对另一半的反应的预期。然而，预期产生于现实经历。依恋不是像皮亚杰的发展阶段理论那样由内在冲动所驱动。鲍比的理论同样与精神分析法相矛盾，后者认为，儿童的早期经验是无意识的内心冲突的产物，与他们对外在现实的体验无关。鲍比认为，心理治疗的一项重任是发现儿童时期形成的不良依恋模式，以便学习建设性的人际行为。

形成不安全型依恋的儿童不仅可能在成年后出现人际关系问题，还可能成为不敏感的父母，不能察觉到孩子的问题并做出相应的反应。但不安全型依恋并非命中注定，而是可以通过适当的干预措施来克服的，这些干预措施可以提高父母的敏感性，并相应地让他们的孩子获得安全型依恋。

自我控制：从童年到成年的长期预期

发展心理学描述了心理能力在生命进程中的成长与衰退。我们在上一节中提到，童年时的依恋经历会影响成年后的关系模式。在这一节中，我们将探讨童年时的自我控制如何影响成年后的行为方式。我们是否可以基于童年时期的能力预测其对成年生活的影响？

尽管我们知道，吃太多巧克力不健康，但为什么我们有的时候还是会一块接一块地吃？一个常见的答案是，我们无法抵制住诱惑；我们难以自我控制。这种说法意味着，个体必须抑制自发的但有害的冲动。不健康的饮食只是其中一个例子；还有其他如赌博、购物、上网，不工作或不学习。缺乏自我控制也可能是地铁站里那位年轻烟民攻击性行为的原因之一。

相较于其他人，有些人可以更好地控制冲动。该事实抛出了这样一个问题：是否可以根据儿童时期的自我控制程度预测出成年后抵制诱惑的能力。进入通俗科学领域的一种儿童自控力测量方法是由沃尔特·米契尔在20世纪60年代初提出的棉花糖实验，该实验的概述可查阅米契尔等人于1989年发表的论文《儿童的延迟满足》(*Delay Of Gratification In Children*)。该实验测量延迟奖励，即为了获得之后更多的奖励，一个孩子能忍耐住眼前的奖励多久。在此经典的实验中，一名学龄前儿童坐在一张桌子前，面前是一块棉花糖。实验员告诉孩子，她要离开房间一会儿，稍后会回来。如果孩子等她回来后才吃棉花糖，那么就会得到第二块棉花糖，并且可以享用这两块棉花糖；但如果他在实验员回来之前就吃掉了棉花糖，那么他不会再得到第二块棉花糖。实验员离开房间后，通过一个隐藏式的观察孔或实验室中的内置摄像头观察孩子是否能控制住自己的冲动，延迟获得奖励，以获得渴望已久的第二块棉花糖。对延迟奖励的更精细的衡量标准是，测量孩子直至吃掉棉花糖的等待时间。

冲动在某些情境中更难抑制。例如，相比棉花糖被遮盖住，不在孩子视线范围内时，当棉花糖毫无遮掩地摆在孩子面前的时候，孩子更有可能吃掉它。亲眼看到奖励会增加诱惑力。儿童尚未掌握抵制诱惑的最佳策略。如果将选择权给孩子，4 岁的孩子会选择看着棉花糖而不会把它盖起来。有人认为这是一个好的策略，因为看着棉花糖会让孩子感觉良好。只有 5 岁左右的孩子似乎才会意识到，这是一个适得其反的策略，他们应该遮住棉花糖才对。随着儿童年龄的增长，他们掌握或学会了抵制诱惑的最佳策略。有些人用“有意思的念头”来转移自己的注意力。如果儿童在等待时始终记挂着奖励，哪怕棉花糖被盖住，他们也会更难抵制诱惑。尽管在自我控制的发展方面存在着普遍进步，但处于同一年龄段的儿童对于延迟奖励的忍耐程度各不相同。

是否能根据学龄前阶段抵制诱惑的能力预测出以后的人生阶段？《儿童的延迟满足》指出，学龄前儿童的棉花糖实验确实可以预测出他们青少年时期的数项能力。在学龄前阶段能够抵制诱惑更长时间，延迟奖励更长时间的孩子，据其父母反馈，这些孩子在青春期能力更强，更聪明，更能够集中注意力。相较于在童年时期表现出较差自我控制能力的青少年，这些青少年在延迟奖励、制订计划、忍受挫折和实现目标方面表现得更好。4 岁时的棉花糖实验不仅预测出了经父母反馈得到证实的孩子在青少年时期的能力，而且还预测出了这些青少年在 SAT 中的成绩，所谓 SAT 即申请美国大学必要的学习能力水平考试。

米契尔和他的同事发现，可以根据个体在学龄前阶段的自我控制预测其在青少年时期的表现。那么对于成年后的预测呢？新西兰达尼丁的一个研究小组对 1000 多人进行了跟踪研究，从童年时期一直延续到成年后。研究小组让受过专门训练的观察员、父母、教师和孩子本人提供所有与其自我控制相关的行为信息，并通过这些信息测量孩子在 3 岁到 11 岁的自我控制能力。此外，还涉及挫败感、冲动和缺乏毅力。结果显示：自我控制能力较好的儿童未来会拥有更好的健康状态、更高的财富水平和更少的犯罪行为。而自我控制能力较差的儿童在成年后更有可能出现吸毒、肥胖或高血压。这些措施可以相当准确地预测与年龄相关的疾病和死亡率。自我控制能力差一般来说会导致较低的收入、较差的储蓄习惯和债务。在儿童时期表现出较差自我控制能力的人也更有可能成为单亲父母，甚至犯有违法行为。

这些发现表明，采取早期干预措施以提高自我控制能力是有意义的。事实上，莫菲特及其同事在《儿童自我控制梯度预测健康、财富和公共安全》（*A Gradient Of Childhood Self-control Predicts Health, Wealth, And Public Safety*）中已表明，儿童时期的自我控制能力差会导致个体在青春期做出负面决定，并对以后的生活产生消极影响。假如少年开始吸烟或者少女怀孕，那么他们的健康情况和职业发展的可能性就会受到影响，从而波及以后的经济状况。

我们在本节开头看到，儿童在自我控制能力方面存在差异。依据早期自我控制能力对数项特征长期预测的研究结果表明，随着时间的推移，在人格和智力方面的个体差异仍然相当稳定。

第六章
人格与智力：个体差异

在前面的章节中，我们已经描述了控制行为的一般机制。例如，丽莎小时候可能遇到过狂吠的狗，这让她产生了恐惧。但不是每个听到狗叫的孩子都会产生恐惧。人们面对相同的情况会表现出不同的反应。这就是心理学家研究个体差异的原因。这些差异从何而来？如何测量它们？它们会引发什么结果？在本章的前两节中，我们讨论了两种类型的个体差异，即人格和智力。人格心理学探讨的是人们在思考、感觉和行为方式上的不同。为什么有些人比其他人更谨慎？或者更有毅力？或者更亲和？另一方面，智力研究则探讨人们在其环境中的思考和行动能力的不同。人们对信息的记忆或解决问题的能力有多强?

个人—情境争论的焦点在于，行为是由个体特征还是情境特征决定的。人格能在多大程度上预测行为?因此，本章最后一节讨论的问题是，人格特质和智力可以在多大程度上预测个体在学校的表现、在职业生涯的成功、健康状态以及寿命。

人格心理学

长期以来，人们认为个体的人格稳定不变。在日常生活或教育中，我们经常使用“性格”这个词，它不仅指一个人的特征，还指个体的道德表现。这就是为什么心理学家更喜欢用“人格”这个更中性的表达，它指个体的典型思维、感觉和行为模式。但稳定的人格特质从何而来?塑造人格的因素也是构建行为基础的因素。天性和环境之间的差异意味着，人格通过基因遗传，或者由环境塑造，抑或是二者兼有。

人格特质的确可以遗传，但只是在一定程度上。根据罗斯巴特在《气质、发展和人格》(*Temperament, Development, And Personality*，2007)中所述，人格是气质和经验的结合。气质泛指一般个体倾向，如积极情绪、活跃、恐惧或易怒，它们都具有生物基础，可以被遗传。这些倾向存在于最早的童年时期，并形成了人格发展的开端。

然而，遗传因素只能解释个体的部分人格。环境因素也会对人格产生影响。环境因素可以包括早期的童年经历。精神分析学家认为，童年时期未被意识到的冲突，例如，被抑制的性取向和社会规范之间的冲突，会在个体成年后的行为中得到体现。行为学家称，个体差异源于早期的学习经历；童年时期形成的反应模式会持续产生影响，直至成年。最后，社会化有助于人格的发展。父母作为文化背景的一部分，会教导孩子如何为人处世。因此，成年人的自我控制有一部分是早期社会化的结果，例如纠正不端行为。

在看到个体差异如何产生之后，我们将目光投向对人格特质的测量。人格特质是随着时间的推移仍旧保持稳定的认知、情感和行为特征。语言中描述人格特质的词汇数量繁多。现在要挨个试验所有词是不可能的。幸运的是，有些特质词之间的关系比其他词更密切。让我们来看看十个特质词：自信、活跃、胆怯、焦虑、信任、合作、高效、条理、想象和审美。不难看出，自信和活跃在词义上比其他八个词更密切相关，胆怯和焦虑也是如此。如果一个人必须要用这些特质词给自己打分，而他在自信这一特质的分数很高，那么活跃的分数很有可能也很高，但对胆怯和焦虑来说就不一定。词义相近的特质词会构成同一个因素，或者像统计学家说的那样，“负载”在同一个因素上。

我们列出的十个特质词可归入五个人格因素，其中自信和活跃归为第一个因素，胆怯和焦虑归为第二个因素，信任和合作归为第三个因素，高效和条理归为第四个因素，想象和审美归为第五个因素（见表 2）。

表 2　特质词在因素中的分组

因素一	因素二	因素三	因素四	因素五
自信	胆怯	信任	高效	想象
活跃	焦虑	合作	条理	审美

目前最常见的方案涉及描述人格的五个因素，即所谓的人格五因素模型（FFM），又被称为五大性格特质[Big Five，参考范德的《人格心理学：人与人有何不同》（*The Personality Puzzle*），2013]。在表 2 的因素分析例子中，我列举了十个特质词，这些特质词可归入五大性

格特质的五个因素中。

五个因素中的第一个是外向性。外向性个体在人际互动中表现得热情、善于交际、自信、活跃、富有冒险精神和热情。与此相反的是内向性，内向性个体在交往中不那么热情和善于交际。他们更安静，更有所保留。

第二个因素是神经质性。高神经质性个体倾向于焦虑、易怒、抑郁、胆怯、喜怒无常和脆弱。由于这是五个因素中唯一一个被贴上负面标签的因素，部分理论家建议将其称为情绪稳定性，指具有更积极的情绪的个体。

第三个因素是随和性。随和性个体信任他人且宽大仁厚；他们不苛求，无私，乐于助人且谦逊。日常表达“友善”恰如其分地形容了这个因素。在此因素上得分低的个体，则更有可能表现得狭隘、苛刻、自私。

第四个因素是尽责性。尽责性个体高效、有条理、有责任心且以成就为导向，他们会仔细衡量决定，并具有极高的自律性。你可能已经注意到，尽责性与上一章的自我控制之间的关系有多么紧密。低尽责性个体往往没有条理、效率低下、懒惰和冲动。

第五个因素是开放性。开放性个体具有好奇心、想象力、艺术性、热情和非常规性。

我们已经提到了造成人格特质的两个主要原因，即基因和环境。如果按照遗传学的解释，人格特质就必须有进化的根源。思维、感觉和行为的稳定天性使个体能够适应环境。例如，人格特质中的随和性可能有助于建立和维护人际关系。此类人格特质实际上应该是普遍的，不存在重大文化差异。而对于人格的文化性解释则预测，不同的文化背景会传递特有的规范和思维方式。由于不同的文化在其规范、思维方式和教育方式上有所不同，我们预测不同文化背景下的人格特质模式也会有所不同。但有证据表明，人格五因素模型适用于所有文化，仅在细枝末节处有所偏差。这一发现佐证了进化论的假设，即在不同的文化中存在相同的生存和适应环境的任务。普遍的生存任务反映在人格的普遍结构中［参考约翰、斯里瓦斯塔瓦的《五大性格特质分类法：历史、测量和理论观点》(*The Big-Five Trait Taxonomy: History, Measurement, And Theoretical Perspectives*)，1999］。

罪犯人格、丽莎对狗的恐惧或乔治的学习困难，人格心理学向我们揭露了什么？也许人格测试发现，在有犯罪行为的人身上，尽责性因素分数很低，而在丽莎身上，神经质性因素则非常明显。但我们在衡量这些数值时必须独立于行为。例如，我们不能简单地因为丽莎害怕狗，就假设她具有神经质性因素，这样会陷入循环定义。而对于乔治糟糕的学习成绩，存在许多可能的原因。其中之一是他很懒惰，即低尽责性。但还有一种可能：也许乔治不够聪明。

智　力

如果乔治在学校表现不佳，被说不够聪明，这背后蕴含着什么意思呢？第一种近似说法是，乔治的智力水平不足以适应环境，无法在特定的社会环境中很好地发挥作用。毕竟，智力是一个人有目的的行动、理性思考和适应环境的整体能力，相关文献可参考韦克斯勒的《韦氏成人智力测量》（*The Measurement Of Adult Intelligence*，1944），细节性的介绍还可参考霍尔特等人的《心理学：关于心灵和行为的科学》（*Psychology: The Science Of Mind And Behavior*，2015）的第十章。

第一个智力测验由法国心理学家阿尔弗雷德·比奈在 20 世纪初设计的。他希望尽可能早地测量儿童的智力，以便发现智力缺陷，并通过补救性教育措施加以改善。为了测量智力，比奈给孩子们布置了与其年龄相匹配的任务。据比奈观察，他期望 4 岁的孩子能够解决“白天天空光明，晚上天空……”的任务。6 岁的孩子得到的任务是“1 厘米是短的，1 千米是……”。9 岁的孩子被要求完成以下任务：“巧克力售价 4 美分，你付了 10 美分，那你能拿到多少找回的零钱？”如果一个 6 岁的孩子能完成 9 岁孩子的任务，那么根据比奈的说法，这个孩子的智力年龄是 9 岁，尽管他的实际年龄只有 6 岁。

在比奈之后，德国心理学家威廉·斯特恩提出了智商的概念，简称 IQ。智商的计算方法是，将一个人的智力年龄与实际年龄的比值乘以 100。如果智力年龄与实际年龄相同，那么智商为 100。如果一个 8 岁的孩子能完成 10 岁孩子的任务，其智商为 10 除以 8 乘以 100，即 125。而如果一个 10 岁的孩子仅能完成 8 岁孩子的任务，其智商为 8 除以 10 乘以 100，即 80。后来，智力年龄的概念被弃用了，因为它无法测量成年人的智商。如果一个 20 岁的人能够完成 60 岁的人的任务，那么他的智商就是 300！如今，智力测验已经实现了标准化。

标准化智力测验的一个例子是汉堡韦克斯勒成人智力量表（HAWIE）①，最初由大卫·韦克斯勒在 20 世纪 30 年代末发布。为了实现标准化，该智力测验由数

① 汉堡韦克斯勒成人智力量表为韦克斯勒成人智力量表（WAIS）的德语版。——译注

百名受试者的常模样本组成。平均智商定义为 IQ=100，标准差为 15。这些数值稳定不变。标准差用于衡量分数在平均分数上下的分布情况。对我们来说，重要的是约 68% 的人的智商在一个标准差之内。这意味着大约 68% 的成年人的智商在 85—115。此外，大约 95% 的人的智商在 70—130。一段时间后，智力测验需要重新进行标准化，因为经历了几十年后，平均智力已经有所提高，如下文所述。

在 20 世纪初，心理学家开始探讨人们的智商水平的差异程度。查尔斯 · 斯皮尔曼称，只存在一个一般智力因素，他称之为 g 因素（源于英语中的 general）。此结论源于斯皮尔曼观察到的一个现象，即所有测验成绩都相互关联。这意味着，如果一个人在某项测试中表现良好，例如计算能力测试，那么他在所有其他分项测试中也会表现良好，例如解析单词或找近义词。但批评家很快注意到，虽然所有测试之间的关联性适当，但各组单项测试之间的相关性却很高。智力研究员因此得出结论：智力不仅涉及一个因素。最著名的多因素分析法来自于路易斯·列昂·瑟斯顿的《基本心理能力》（*Primary Mental Abilities*，1938），他发现了七个因素，因此提出了七个主要的智力能力，包括知觉速度、数字运算、言语理解和一般推理等。

在一般智力因素和瑟斯顿的多因素分析法之间的一个折中方案是，将一般智力分为两个因素，即流体智力和晶体智力，此方案已被广泛接受。流体智力是解决新问题的能力，所谓新问题即没有现成解决方案的问题。推理和创造性解决问题可能是流体智力的一部分。而晶体智力是将先前的知识应用于问题的能力，包括学习、应用言语或利用知识来解决问题。有三类证据佐证流体智力和晶体智力的划分［参考尼斯贝特的《认知升级》（*Intelligence And How To Get It*），2009］。首先，我们在第四章中已经明晰，额叶损伤会导致执行功能缺失，比如丧失计划能力。这种损伤会降低流体智力，但不会降低晶体智力。而孤独症患者则表现出相反的模式，即流体智力高而晶体智力低。这是一种双重解离，表明有两种不同的机制或系统支撑着流体智力和晶体智力。其次，脑成像研究显示，针对流体智力的任务与旨在测量晶体智力的任务相比，会激活不同的大脑区域。最后，这两种类型的智力在整个生命周期内的进程是不同的。流体智力直到 20 岁左右才会增加，然后慢慢下降，而晶体智力则随着年龄的增长而增加，最终趋于平缓，但即便步入老年也不会降低。

最常用的智力测验是 HAWIE，此测验基于存在四种不同的智力能力的假设：语言理解、知觉推理、工作记忆和处理速度。

像 HAWIE 这样的传统智力测试也存在问题，即测验包含可以受训练影响的任务。例如，言语理解量表是儿童在学校里会练习的内容。这些测验似乎是在衡量孩子实际能达成的成绩，而非他们解决任务问题的智力潜力。

此外，像 HAWIE 这样的智力测验依赖于特定的文化背景，是为西方受试者量身打造的，因此来自其他文化背景的受试者可能处于不利地位。因此，测验的开发者努力寻求不受文化影响的智力测量，并使处于所有文化背景的受试者都能得到可比较的结果。其中最著名的是瑞文标准推理测验。该测验为非文字智力测验，因此即使是从未学习过阅读的人也能完成该测验。但关于瑞文测验是否独立于文化背景，仍旧存在质疑，如后文所述。

虽然智力在一定程度上具有遗传性，但环境和文化因素也起着重要作用，尤其是学校教育。环境和文化影响带来的一个结果是弗林效应。该效应以智力研究家詹姆斯·弗林的名字命名。弗林发现，自 20 世纪 30 年代以来，智力测验的成绩在西方每 10 年会增加 3 分左右

［参考《14 个国家的智商大提高：智商测试真正衡量的是什么》（*Massive IQ Gains In 14 Nations: What IQ Tests Really Measure*），1987］。由于智力测验会定期标准化，所以平均智商仍为 100，标准差为 15，一个具有平均智力的人不论在 1960 年还是 2010 年智商都是 100。只是这些数值是基于不同的规范。根据平均智商每 10 年增加 3 分的观察现象，我们可以计算出，一个在 2010 年智商为 100 的人，按照 1960 年的标准，其智商为 115。而一个在 1960 年智商为 100 的人，按照 2010 年的标准，其智商为 85。

究竟是什么导致了弗林效应？一个原因是营养摄入的改善。但在西方国家，营养只能解释弗林效应的一部分；二战以后，很少有儿童营养不良的问题。更重要的是学校教育以及从非技术工作和工业工作向知识经济的转变，在知识经济中占据最重要地位的技能正是智力测验中所衡量的技能。我在前文提到，有人质疑瑞文测验是否是独立于文化背景的智力测验。其中一个原因是，近几十年来，人们发现瑞文标准推理测验的测试成绩有了相当大的提高，比文化依附的智力测验如 HAWIE 更高。很可能是因为，西方的学校教育已经从背诵式学习转向模式识别和抽象思维，也就是瑞文测验所测试的能力。

最后，父母选择少生优生，在孩子身上投入更多的时间和资源。最近，弗林效应在西方趋于平缓，而在新兴国家和发展中国家则有可能有所改善。

对于弗林效应原因的讨论也有助于解决心理学中最激烈的争论之一。这场辩论因白人和黑人受试者之间存在微小但稳定的智力差异而被点燃。对于该差异具有遗传性的阐述必须谨慎措辞，因为它可能会被用于为种族歧视诡辩。如果智力的差异确实是遗传的，那么国家为什么要资助那些旨在提高先天能力较差者的智力的项目呢？学校教育的成果表明，种族之间的智力差异可能由文化和社会差异造成。（在美国仍旧沿用“种族”一词，即 Race。正如在德语中一样，它不仅具有生物学上的意义，而且还具有社会结构层面的意义。出于此原因，在最近的美国出版物中也可以看到“种族”一词，而德语中则转而使用“族群”一词，即 Ethnie。）虽然智力存在遗传差异，智力测验成绩存在种族差异，但这并不一定意味着这些种族差异是具有遗传性的，且不可改变。事实上，对于智力测验的发展与智力测量的成绩，环境和基因一样起着重要作用。这意味着，所谓种族差异完全可以通过学校教育的差异来解释。智力方面的种族差异及其潜在的政治影响是科学家在解释其研究数据时必须谨慎处理的一个典型示例。

实践中的个体差异

我们在上一章中了解到，可以通过对儿童进行关于延迟奖励的简单测试预测他们长大后的学习成绩、健康状况、吸毒和犯罪行为。一些雇主会借助智力和性格测试，来选择最佳应聘者。但这些测试真的能预测职业成功吗？另外，这些测试真的能预测健康状况吗？就像能通过童年时期的自控力预测成年后的健康状况一样？我们先从职业成功入手，然后再来探讨健康事宜。

智力可以相当准确地预测职业成功，其相关性平均为 0.5。简单来说，这种相关性意味着，如果一项工作是基于智力测试，那么工作中的决策在 100 次中有 75 次是正确的，但剩下的 25% 是错误的。这个成绩不算糟糕。工作要求越复杂，智力对职业成功预测的准确性越高。有趣的是，在职业成功预测的准确性方面，通用智力测试要比针对特定工作的专项能力测试更准，同时也比基于工作经验或个性特征的测试更准。既然智力可以预测职业成功，那么在职场智力无用的传说也就不攻自破了。如果智力对于职业成功真的毫无用处，那么智力就不可能预测职业成功。这也同样适用于学业成功。

不仅是智力，尽责性也能预测职业成功。让我们回顾一下，如果孩子在 4 岁时展示出了较好的自制力，那么他在 SAT 标准测试中将会取得较好的成绩（《儿童的延迟满足》）。自制力是尽责性的一部分，是人格五因素模型中人格因素中的一项。智力测试预测的可能是个体应对一般要求的能力，而人格特质预测的则是个体对特定工作的适应程度。

然而，人格和智力测试不仅可以预测职业成功，还可以预测健康状况。我们先从人格特质入手。按照常识，乐观和幸福感有助于我们保持健康。这就是为什么指导性书籍也建议将乐观作为预防甚至治疗疾病的方式。询问人们的健康状况时会发现，乐观程度和他们口中的自身健康状况之间确实存在着正相关。然而，如果用客观标准来衡量健康状况，例如寿命，那么乐观与健康间的联系就无法得到证实了。倒不如说是，乐观主义者和幸福快乐的人似乎倾向于将自己评价为更健康，不论事实是否如此［参考弗里德曼、柯恩的《人格、幸福和健康》（*Personality, Well-being, And Health*），2014］。幸福和健康之间缺乏联系的一个原因在于，并非所有让我们快乐的东西都是健康的。例如，电视上的体育节目、啤酒和甜食可能在短时间内会使人快乐，但从长远来看却不利于健康。但另一方面，稳定的婚姻和每天的户外散步会同时给我们带来快乐和健康。因此，快乐的感觉并不会影响健康，真正影响健康的是使我们感到快乐的活动，它可能会利于健康，也可能损害健康。

最能准确预测健康的因素是人格五因素模型中的尽责性。事实上，儿童时期所展现出的尽责性可以预测其长大后的寿命。如何解释这一发现呢？弗里德曼和柯恩列举了尽责性对健康的积极影响(《人格、幸福和健康》)。首先，高尽责性者的行为方式更利于健康，他们平均吸烟较少，饮食较健康，开车时会系安全带。这些观察结果与上一章中所述的自制力能改善健康状况的结论一致(《儿童自我控制梯度预测健康、财富和公共安全》)。其次，高尽责性者会选择更健康的环境，拥有更稳定的婚姻。最后，正如前文所述，高尽责性者会在学业和职业上取得更大成功。因为他们的收入更高，因此可以负担起更健康的食物和更好的医疗服务。即便在工作中遇到挫折，高尽责性者也能更好地应对挫折给事业带来的消极影响。

智力也能预测寿命，聪明的人寿命更长。为什么智力会利于长寿？高智商者的行为方式和处事态度更利于健康，从而长寿。甚至可以说，高智商即长寿命，因为聪明人都是好病人。而一位“好病人”能够获取与其疾病和最佳治疗方案相关的知识，也能够讨论并解决问题。然而更深入的研究表明，与智力相比，尽责性在预测寿命方面更为准确。因此人格特质对健康的影响比智力更大。

我们来总结一下：稳定特征的个体差异，例如人格特质或智力，可以预测出重要的个人成就，如事业成功或长寿。本书引言中提到了天性—环境之争，人格心理学家通过相关发现证实人格特质的预测能力。但与个体差异相比，有些行为通过情境来解释会更好，下一章将据此展开。

第七章

与人共存：社会心理学

在上一章中，为了分析行为，我们研究了稳定的人格特质，并探析了个人—情境之争中与人相关的方面。我们从人格心理学的角度分析了那位攻击地铁站员工的年轻烟民。与人格心理学不同，社会心理学关注的是个人—情境之争中的情境方面。社会心理学提出的问题是，是什么触发了这位年轻人的攻击性行为？一般来说，社会心理学研究人际互动的过程和它们在情境中的起源。

本章从帮助行为的一项经典理论开始，该理论充分展现了情境的力量。然后我们再探索社会心理学的另外两个领域，即伴侣选择和解决群体间冲突。

情境的力量

有些行为令人费解，比如有人面对犯罪行为冷眼旁观、置若罔闻，而不施以援手，甚至不曾报警。一个典型的例子是凯蒂·吉诺维斯事件，吉诺维斯是一名在纽约工作的年轻女服务员。20 世纪 60 年代的一个夜晚，她在步行回家时在一座公寓楼外遇害身亡。尽管当时有几十名租户听到吉诺维斯的尖叫声，却无人伸出援手。在犯罪持续近 40 分钟的时间里也没有一个人报警。面对一位身处困境的年轻女性，普通公民的冷漠程度令人震惊。如何解释这种行为呢？心理学家约翰·达利和比布·拉塔内在《突发事件中的旁观者干预：责任的扩散》(*Bystander Intervention In Emergencies: Diffusion Of Responsibility*，1968）中创建并验证了一个帮助行为模型，揭示了人们在这种情境下冷漠的心理原因。

对于个体来说，他们必须将所处情境判定为紧急情况，然后再判断他们是否是合适的帮助对象。有两种机制决定个体是否将情境判定为紧急情况：观察学习和多数无知的存在。我们在第一章中提到了观察学习。就像罗伯特可以从他人身上学到攻击性行为一样，他也可以从他人身上学到乐于助人。比如说，如果罗伯特在驾驶时看到，有人帮助了一个车子爆胎的女司机，那么如果他在几公里后遇到类似的情况，他就更有可能帮助别人。

但如果当下情境不甚明朗，我们可能看到人们完全不同的做法。如果一个人躺在路边，旁人往往不清楚他是晕倒了需要帮助，还是只是喝醉了在呼呼大睡。埃尔丝可能自认为眼下或许出现了紧急情况，但她看到其他路人没有反应。似乎大家都认为当下情境并没有什么要紧的，于是埃尔丝也选择跟随这种观点。如果所有的路人都和埃尔丝的想法一样，起初都自认为这可能是一种紧急情况，但由于没有人做出反应，所以又觉得可能不是紧急情况，于是没有人按照自己的观点行事，而是按照其所认为的大家的想法行事。这种自己的观点和所猜测的旁人的不同观点之间的矛盾，被称为多数无知。

即便意识到眼下正面临着紧急情况，也不能保证路人一定会帮忙。其他路人的存在导致了责任分散。现场的人越多，每个人感受到的需要提供帮助的责任就越小。研究表明，潜在帮助者人数越多，需要帮助者得到帮助的可能性就越小。在凯蒂·吉诺维斯的死亡事件中，邻居不是不帮忙，而是因为很多人本都可以帮忙，这导致了责任的分散。

于帮助行为的相关研究外，其他研究——其中最著名的是针对权力服从的米尔格拉姆实验——也一同被看作情境之于行为重要性的证据。人格特质的差异很难解释这种行为。

致使路人伸手帮忙的众多因素中包含了复杂的思维过程。例如，路人可能会认为，如果真的情况紧急，那么站在一旁的三个女人中起码有一个会帮忙。第二章中提到的认知心理学研究了这种思维过程。社会心理学家参考了认知心理学，将社会认知确立为社会心理学的一个分支学科。其基本假设是，控制人类行为的不是情境本身，而是人类对情境的诠释。

认知包括感知、分类、记忆、判断和一般决策。与认知心理学相同，社会认知也研究认知过程。例如包含感知和记忆的第一印象的形成，只与其他人相关，像个人记忆和社会判断。

一般来说，针对他人的认知过程是快速且自动的。比如说第一印象的形成。当我们遇到陌生人时，对这个人形成一个准确的印象是很重要的，即使我们对他知之甚少。事实上，通过一段数秒钟的无声视频片段，就足以对视频中的人的性取向做出相当准确的判断［参考安巴迪等人的《从行为的细枝末节判断性取向的准确性》（*Accuracy Of Judgments Of Sexual Orientation From Thin*

Slices Of Behavior)，1999]。当人们看到另一个人的脸时，他们会在 100 毫秒内对其受欢迎程度或可信度做出判断。事实上，这些自发的判断与在无时间限制露出面部的情况下做出的判断具有很高的关联性。

在人际交往中的另一个认知过程的例子是归因。例如，地铁站的年轻烟民可能将员工的劝诫看作攻击，他将自身的攻击意图归结到地铁站员工身上。如果他把劝诫归结为，员工有责任让地铁站的吸烟者意识到他们不该在此吸烟，那么他就不太可能会实施进行攻击性行为。同样，从认知心理学的角度来看，这表明，对情境的诠释——而不仅仅是情境本身——决定了行动。

人类如何找寻伴侣

基于前文所述，心理学家从不同的角度解释人类行为。近几十年来，进化心理学获得了迅猛发展。进化心理学认为，遗传在行为中起着至关重要的作用，正如第四章中所述。某些行为能够使个体更好地适应环境。而良好的适应性可以提高生存、找到配偶并繁衍后代的可能性，这就增加了将该行为基因传递给下一代的可能性。

下面将讨论的问题是，人类的择偶偏好是生物进化的结果还是社会化的结果。关于偏好的遗传，一条极佳的论据是普遍性。如果能证明，世界各地的择偶偏好和择偶模式都是相同的，那么就表明存在相应的遗传机制，从而引出了进化心理学的解释。

在一项大型国际研究中，戴维·巴斯研究了37种文化中的配偶偏好和配偶选择［参考《人类择偶偏好的性别差异：在37种文化中进行测试的进化假设》（*Sex Differences In Human Mate Preferences: Evolutionary Hypotheses Tested In 37 Cultures*），1989］。在此研究中，当涉及怀孕和养育孩子时，性别不对称现象尤为突出。女性承担起了怀孕和哺育孩子的责任，而男性的贡献可能很小，在极端的情况下甚至只是生育行为。这意味着，女性每年最多只能生育一个孩子，而男性在此期间则可以成为好几个孩子的父亲。但是，女性知道那是自己的亲生孩子，而男性则不能确定自己与孩子的亲子关系，至少在基因检测时代之前情况如此。最后，对女性来说，伴侣可以帮忙一同供养和保护家庭，相比之下，单独抚养孩子要更为困难。根据进化心理学的观点，上述种种性别不对称导致了需求不对称。因而，男性希望家中尽可能人丁兴旺，而女性则希望男性在养育孩子方面提供支持。基于这种需求不对称，可以推测女性比男性更看重男性的良好经济情况，因为在现代社会，财富有助于保障必要的资源。

男性随着年龄的增长可以积累更多资源，而女性在年轻时更具生育能力，所以女性偏好拥有更佳经济资源的成熟男性，而男性则偏好健康和具备生育能力的年轻女性。这种对年轻且健康女性的渴望使得男性会为丰腴优雅的外形而倾倒，丰腴优雅也是象征着健康和生育能力的标志之一。因为男性想要保障后代确为自己亲生，所以男性对于女性贞洁的要求，要比女性对于男性的要求高。

综合来看，戴维·巴斯从普遍的性别差异假设中总结出：在所有文化中，男性都偏好美丽而贞洁的年轻女性，而女性则偏好有良好经济基础的成熟男性。事实上，巴斯在其调研的绝大多数国家中都发现了所预测的性别差异。也不存在与他的假设明显相悖之处。没有哪个国家的男性喜欢年长的女性或是女性喜欢更年轻的男性。在所有统计记录了配偶结婚年龄的国家中，丈夫都比妻子年长。

进化心理学家认为，这些发现清楚地证实了生理性别差异的普遍性，从而证实了在进化过程中的确会形成基于性别的偏好。在这些压倒性数据面前，还存在其他的可能性吗？事实上，性别角色理论的支持者认为，性别角色以文化为媒介传播，并呼吁关注事实：部分国家中的性别差异比其他国家更大。从性别角色理论的视角来看，巴斯的研究关注文化差异，而文化差异比性别差异更加显著突出。当谈到贞洁问题时，在 0（不重要）到 3（重要）的区间内，西班牙男性的平均偏好为 0.66，女性为 0.36。相比之下，在伊朗，男性的平均偏好为 2.67，女性为 2.23。尽管在这两个国家中都存在着明显的性别差异，但相比之下，西班牙和伊朗之间的文化差异更为突出。在西班牙和其他西方国家，贞洁对男性和女性都无甚重要意义，而在伊朗，贞洁对男女双方都很重要。文化差异有时比性别差异更为突出，此观察结果证明了性别角色理论的正确性。

另一个针对性别差异的生物学基础的怀疑来自这一观察现象，即文化因素决定性别差异。在重新分析巴斯的数据时，艾丽斯·伊格利和温迪·伍德的《人类行为性别差异的起源：进化因素与社会角色》（*The Origins Of Sex Differences In Human Behavior: Evolved Dispositions Versus Social Roles*，1999）表明，与性别角色分工明确的社会相比，在性别平等程度较高的社会中，经济情况、外形容貌和偏好年龄方面的性别差异更小。

尽管性别差异的普遍性无可争议，但针对差异原因存在着不同见解。进化心理学家主张生物学研究方法；他们认为偏好的基因传递和符合环境要求的特定遗传模式的自然选择构成了性别差异的基础。在进化心理学中，性别被认为植根于人类生物学中。社会文化理论则认为，社会定义了对男性和女性的角色期望，所观察到的行为上的性别差异由此而来；性别由社会文化定义，性别差异因此具有社会性质。

在群体中生活

先前的理论都有一个共同点：它们关注个人，但不关注社会关系。即使是关于情境力量、社会认知或人际吸引的研究，也只局限在探讨个人的心理过程。

不受困于只研究个体的心理过程和感受，研究人员还可以分析群体中的社交过程。为解析此类型的研究，我们以研究合作在群体间冲突的作用为例。

合作对一个群体的好处不言而喻。同时，合作还有助于解决群体之间的冲突。接触假说认为，与互不认识的群体相比，两个彼此认识的群体更不易形成偏见或发生冲突。这一假说首先在罗伯斯山洞实验中得到了验证，该研究在俄克拉荷马州的罗伯斯山洞州立公园的男孩夏令营中进行［参考谢里夫等人的《群体间的冲突与合作：罗伯斯山洞实验》（*Intergroup Conflict And Cooperation: The Robbers Cave Experiment*），1961］。两组各有 12 名男孩。在实验的第一阶段，通过需要合作完成的任务在小组内培养团队精神。在以此方式培养各组的凝聚力之后，实验员让这两个小组相互竞争。在实验的第二阶段，男孩们进行了会引发小组间冲突的小组竞赛。

在第三阶段，实验员改变了活动安排，使男孩们不再相互竞争，而是必须合作以实现更高层次的目标。例如，实验员切断了营地的供水，男孩们必须合力恢复供水。这种从竞争到合作的变化所带来的结果显而易见：冲突停止了，两组之间的关系得到了改善。为了结束冲突，仅仅组织两组一同参加娱乐活动（比如看电影）仍不足够。避免冲突的一个必要条件是合作。综合来看，此类研究与近期的研究都表明，当两个群体相互竞争时，双方的接触会导致冲突；当两个群体通力合作时，冲突会减弱。

我们将主要发现应用到校园环境中。班级中存在着诸多竞争。每个学生都在审视自己和自己的成绩，尤其是班级的平均成绩能让人清楚地看到自己与班上其他同学的差距。当老师提出一个问题时，会有 6 到 10 名学生举起手，争夺老师的注意力。除了那一位被点名的学生之外，其他学生都会感到失落。

社会比较与社会竞争会招致不友善的校园氛围，学生会缺乏同情心和团队精神。美国的校园氛围在 20 世纪 70 年代变得尤为糟糕，为了实现社会阶层和种族的融合，非裔和墨西哥裔的学生当时被安排到白人中产阶级学校上课。由于少数群体儿童来自底层社区，他们的学校的教学标准较低，因此他们在学校的表现比白人中产阶级学生差。当白人学生在学校的表现优于少数群体儿童时，就会产生肢体冲突——校园氛围跌至谷底。从这一情况来看，少数群体儿童似乎成了这场不同阶层和族裔间融合的大输家。

为了应对这种情况，艾略特·阿伦森及其同事开发了拼图法［参考《在拼图教室中建立同理心、怜悯和成绩》（*Building Empathy, Compassion, And Achievement In The Jigsaw Classroom*），2002］。学生不再各自单独学习，而需要合作完成一项测试中相关的任务。然而，仅仅安排小组工作是不够的，因为部分小组成员想从小组中获益，但自己不想做任何贡献，而最积极主动、最具天赋的学生却承担了大部分工作。勤勤恳恳工作的人都讨厌那些不劳而获的人也不足为奇。因此，安排任务时必须保证每个小组成员都有所贡献。此外，小组中的每个人都必须倾听别人的意见，每位成员获取的知识都对接下来的测试至关重要。如果天资较高的学生取笑资质较差的同学，往往只需提醒他，资质较差的同学所负责的课业内容在测试中会考到。协作学习考试材料能够培养孩子提问的技巧和互帮互助的技能。在一项实地实验中，对部分学生进行持续 8 周的合作拼图教学模式。与接受传统教学模式的对照组学生相比，拼图组学生表现出了更多的自信，他们更向往课堂，缺席情况更少，课堂表现也更好。

罗伯斯山洞实验和拼图法表明，当具有不同个人背景的个体彼此合作时，群体之间的冲突有可能平息。

第八章

心理障碍及治疗方法

心理学研究探索了人类行为的原因。在那个在地铁站大打出手的年轻烟民的例子中，我们发现了其攻击性行为的几个可能原因。其中包括惩罚缺失、观察（模仿）攻击模式、大脑损伤、心理不够成熟或自我控制缺失。但这位年轻烟民究竟为什么要攻击那位制止他抽烟的地铁站员工，哪个才是真正的原因？临床心理学家将关注点放在个人行为上。他们要回答的问题有以下两个：第一，为什么这个特定个体会采取这样的行为方式？第二，如何通过治疗改变异常行为？在探索这两个问题的过程中，心理学家在研究和实践中都必须遵守伦理原则。像强迫不愿接受治疗的患者进行治疗，就是不符合伦理原则的行为。

在本章第一节中，我们将讨论何为异常，以及临床心理学家应用何种方法诊断心理障碍。第二节总结了几项重要的心理障碍，并讨论了心理障碍分类的相关问题。然后再将关注点转向心理治疗，首先讨论循证干预的一般原则，其次是治疗心理障碍的具体方法。

何为异常？

除了那位烟民的大打出手，还有其他在我们眼中显得异常的例子。阿丽安是一位年轻的女士，她变得越来越孤僻，到了几乎不出门的地步，尽管她需要赚钱来养活自己，但还是辞去了工作。她对那些可能会遇到其他人的地方避之不及。她还向一位阿姨诉说了每天的胆战心惊。然后，我们在三场接待会上都遇见了威廉，一位成功的作家，喝得酩酊大醉，让人不禁怀疑他酗酒。对于这三个人——吸烟者、阿丽安和威廉——我们认为有些事情异常。但究竟什么是“异常”？

异常的标准

异常行为有三大判断标准。一个人忍受着自身状况

（痛苦），他们的行为伤害了自己或他人（功能障碍），或者他们的行为不符合统计标准或社会规范（偏离）。

痛苦是一个清晰可见的标准。如果痛苦长时间持续，即表明有些地方不对劲，也可能象征着心理异常。大多数患有心理障碍的人都会感到痛苦，例如，妄想、焦虑、恐慌发作或心理创伤。痛苦是一个相当有用的标准，但并不能涵盖所有异常情况。恋童癖或反社会人格障碍患者，即日常用语中所说的精神病患者，通常不会因其行为而感到痛苦。但社会将这些行为判为异常，是因为这些行为对其他人造成了伤害，这些行为即功能障碍行为。

因此，功能障碍是异常的第二个判断标准。所谓功能障碍，即一个人在伤害自己或他人。功能障碍行为使日常生活受到消极影响，如个人卫生、正常的社交或工作能力。例如，对具有攻击性的狗感到恐惧是一种健康的反应，不需要采取任何措施进行改变。然而，如果对没有攻击性的狗感到恐惧，并通过绕远路甚至拒不出门来避免遇到狗，那这种逃避行为会严重影响日常生活。在极端情况下，功能障碍甚至会给自己或他人带来危险。不胜枚举的人因厌食症而死亡（厌食症为一种进食障碍），或因抑郁症而轻生。然而，与常见的刻板印象相反，患有心理障碍的人，包括妄想症患者，很少会给患者本身或其他人造成直接伤害。

偏离是异常的第三个评判标准，意味着一个人的行为偏离了规范所规定的范围。共有两种类型的规范，即统计规范和社会规范。当一种状况因为过于罕见而被判为异常时，会给出相应的统计标准。为了更通俗易懂，以智力测试为例。因为智力测试都经过了标准化，智商低于 70 为智力障碍，而智商高于 130 的人则被认为天赋异禀。回忆前文所述，在这些智力测试中，智商平均值为 100，一个标准差为 15。若智商为 70，则低于平均值两个标准差；2% 到 3% 的人患有智力障碍。若以统计学标准定义偏离，智力障碍永远不会消失，因为总会有 2% 到 3% 的人处于智商分布的底端，即便平均智商很高。根据统计规范，智商超过 130 也是异常。社会认为向下偏离是个棘手难题，却对向上偏离喜闻乐见。根据社会规范，智力障碍被判定为异常，因为智力障碍可能会导致功能障碍，比如学习成绩糟糕和工作能力不佳。相反，高智商则对个人和社会都大有裨益。

因此，对统计规范的偏离并不总与社会规范相矛盾；高智商既不是功能障碍，也不会被社会判定为偏离。另一方面，社会规范所界定的偏离在统计学上并不十分罕见。直到20世纪中期，婚前性行为在美国社会仍被视为离经叛道，婚前性行为不符合社会规范。然后，阿尔弗雷德·金赛发表了针对美国性行为的调查结果。令许多人大跌眼镜的是，调查结果显示，婚前性行为在美国的年轻情侣中相当普遍。金赛的调查结果证明了，社会规范意义上的偏离并不一定是统计意义上的偏离。因此，临床心理学家必须保持谨慎，切忌仅仅因为某种行为与社会规范相悖就将其判定为异常。

在20世纪初，诸如德国精神病学家埃米尔·克雷佩林等临床心理学家开始对异常行为进行描述说明，并将其分类归入心理障碍。今天，世界卫生组织（WHO）和美国精神病学会（APA）都具备心理障碍的分类方案。这些方案也随着时间的推移经历了数次修改。例如，同性恋本身并不造成痛苦，也不会在日常生活中造成功能障碍。尽管如此，直至20世纪70年代，同性恋仍被美国精神病学会列为一种心理障碍。如今，同性恋不再被看作对社会规范的偏离，因此也不再被列为心理障碍。此变化表明，对偏离的阐释以及心理障碍的分类在很大程度上取决于文化价值观。

如何将异常这一概念与我们在本节开头讲述的例子联系起来？因为被告知有禁烟令而殴打他人当然是功能

障碍，这种行为伤害了他人，同时也与社会规范相偏离。阿丽安似乎符合——我们必须谨慎判断——两个异常的标准，即痛苦和功能障碍。她每天都很焦虑，因此而痛苦。她还辞去了工作，无法自力更生；将自己与世界隔离，为功能障碍。再来看威廉的酗酒行为，它似乎偏离了社会规范。从长远来看，过度饮酒会造成功能障碍。我们将在后文更详细地讨论威廉的饮酒问题。

心理障碍诊断

精神病学家或心理学家如何发现一个人是否有心理障碍？三个主要方法为临床谈话、临床测验和临床观察［参考科默的《变态心理学》(*Abnormal Psychology*)，第八版，2013］。

通常情况下，个人，例如一位焦虑的年轻人，来到心理医生面前，告诉他自己为什么需要接受治疗。心理医生首先会进行临床谈话，他会在谈话中询问当事人的个人资料、背景信息，如职业、婚姻状况和家庭、问题、压力根源、想法和感受。治疗师通过谈话大致了解了当事人的情况，但可能无法可靠地掌握其心理障碍的情况。因当事人常常回避一些尴尬的话题，并给出虚假信息。

从广义上讲，共有两种类型的临床测验：自评量表和投射测验。自评量表用于测量当事人的症状和常有的思想、情感和行为。一般性测验如明尼苏达多项人格测验（MMPI），该测验会测量各种临床相关的维度。此外，还有专项量表，如贝克抑郁自评量表（BDI）。在此量表中，当事人必须从各项选择中选择他们认为最符合的答案。例如，是否能够想象自杀；或者有自杀想法，但不会去做；或者从来没有想过自杀。这些测验都有严格的评定标准，因此能够可靠地测量心理障碍，并具有极高的效度，也就是说，这些测验的确能够测量出所需测量的对象的一些真实信息。

投射测验的目的在于间接进行诊断。投射测验的命名暗含着临床心理医生的想法，即通过投射测验发掘被当事人隐藏起来的问题。例如，当事人被要求阐释或画一幅画，在此过程中将他们的问题投射到对作品的解释或画作里。

下面来看一个著名例子。瑞士精神病学家赫尔曼·罗夏开发了罗夏测验，该测验由 10 张对称的墨迹图构成。受试者逐一浏览墨迹图，并描述他们所看到的每一张图。心理学家根据 100 多条特征对受试者的回答进行解析。该测验基于这样的假设，即受试者将他们不曾意识到的冲突和问题投射到墨迹图上。《投射技术的科学地位》(*The Scientific Status Of Projective Techniques*, 2000)一文认为，尽管罗夏测验和其他投射测验仍在使用，但这些测验的问题在于，它们只能模糊地诊断出心理障碍。最重要的是，与那些易于实施和评估的测验相比，这些投射测验并未捕捉到更多信息。

最后，心理学家通过临床观察进行诊断。临床观察可以让当事人在自然环境中进行，即在家里、学校或工作地，也可以在医院或监狱中进行。关键人物(例如母亲)也可以代替心理学家观察当事人的行为。当事人也常常会观察自己。例如，一个有酗酒问题的人可能会监测自己的饮酒频率、饮酒量以及饮酒场合。如果行为治疗师试图通过操作性条件反射(见第一章)改变这种酗酒行为，可以利用这种自我观察找出触发饮酒行为的原因，并采取相应的干预措施进行治疗。

在本章的第一节中，我们认识了异常的判定标准：痛苦、功能障碍和偏离；还简要说明了临床心理医生如何利用临床谈话、临床测验和临床观察进行心理障碍诊断。但这些方法往往缺乏可靠性和准确性。心理障碍为什么无法被更精确地诊断呢?

心理障碍

当一个病人因胸痛和呼吸急促去看医生时，医生可能会给他拍 X 光片并验血，以判断病人是否患有肺炎、肺癌或其他疾病。然而精神病学家和心理学家无法获得生物数据，因而无法获悉病因，但他们须在此情况下做出诊断［参考麦克纳利的《什么是精神疾病？》(*What Is Mental Illness?*)，2011］。他们所掌握的最佳资料是自评量表。此外，我们在第四章中提到，神经系统疾病可以根据其基因组合进行区分，但心理障碍并非如此（《常见脑部疾病的共同遗传力分析》)。

行为学家认为，条件反射与之后的学习构成了心理状态的基础，例如焦虑；认知心理学家则认为，错误的思维过程引发了健康障碍；神经学家研究大脑反应过程的原因，而行为遗传学家则研究基因传递。然而，心理障碍的病因仍犹如雾里看花，难以诊断。临床心理医生只能根据病症来诊断心理障碍。

另一个问题是共病症，即一种疾病与另一种疾病同时发生。通常情况下，精神疾病的共病率很高，例如抑郁症和焦虑症。尽管肺炎和肺癌可能会同时发生，但在医学领域，它们仍然是两种不同的疾病。由于缺乏能够明确区分两种不同心理障碍的测验方法，因此对于与焦虑症密切相关的抑郁症，很难确定是将两者列为两种心理障碍还是合二为一。

尽管存在此类问题，如上一节所述，临床心理学家还是着手对心理障碍进行分类。目前的分类方案仅根据病症对心理障碍进行分类，而不回溯到对病因的解释。

借助《变态心理学》一书，下文将对最常见的心理障碍进行概述，即孤独症、精神分裂症、抑郁症、焦虑症和药物成瘾。

孤独症谱系障碍，一般简称为孤独症，其病症在幼年时就会显现，通常是在 3 岁前。大多数患者（80% 是男孩）在成年后会受困于巨大的障碍，难以独立生活和工作。孤独症儿童在社交互动方面表现出明显缺陷，他们几乎无法沟通，也不交流。一些研究结果表明，孤独症儿童缺乏换位观点采择能力和同理心。此外，孤独症儿童会进行固定的、重复的动作或仪式性行为，在外人看来毫无意义。

孤独症的历史展现了对心理障碍病因的无端猜测可能带来的损害。精神病学家利奥·肯纳是首位详细描述孤独症的人，他在《情感接触中的孤独性障碍》（*Autistic Disturbances Of Affective Contact*，1943）一文中，从精神分析角度对孤独症进行解释。父母的冷漠态度会导致儿童患上孤独症，尤其是冷漠的母亲，“冰箱妈妈”一词因此诞生。不难想象，这种假设使孤独症儿童的母亲产生了强烈的歉疚感。经验研究从未能证实这一假设，而是在孤独症患者身上发现了生物因素，例如大脑中镜像神经元的活动减少，镜像神经元会影响观点采择和同理心。因为孤独症是一种广泛性发展障碍（因此被称为谱系障碍），所以镜像神经元必然不是孤独症谱系障碍的唯一原因。对其他因素的研究才刚刚开始。

孤独症不一定会导致功能障碍。有些儿童患有另一种形式的孤独症，即阿斯伯格综合征，患者表现出正常或趋于正常的心理能力，但同时伴随着一些典型的孤独症社交缺陷。若成年患者的工作要求其关注细节，且工作中的人际接触有限，那么他们很可能会在职业发展上取得成功。

精神分裂症的特征为认知缺陷、情感缺陷及妄想。精神分裂症患者常常声称出现了视觉和听觉上的幻觉，即看到别人没有看到的景象，听到别人没有听到的声音。幻觉可以有不同的内容。幻觉主题通常是自己被迫害或其他人在策划阴谋针对自己。但也会出现妄想，比如把自己想象成耶稣，或相信自己的思想、感情和行动受他人控制。人们对精神分裂症的病因知之甚少，遗传学和神经科学研究表明，生物学成分的影响很大。

虽然精神分裂症给患者带来了沉重的负担，但患者可能会非常聪明，数学家约翰·纳什是个很好的例子。他在年轻时曾有过短暂的职业生涯，后来不幸患病，在精神病院治疗了几年后又恢复了工作。约翰·纳什获得了诺贝尔经济学奖,他的故事也通过书籍和同名电影《美丽心灵》（*A Beautiful Mind*）得到了流传。

大多数抑郁症患者会感到悲伤、压抑和空虚。其中一些患者会患有快感缺失症，即无法感受到快乐。他们缺乏驱动力和主动性，通常表现得较不积极，大部分时间都在独处，认为自己能力不足且低人一等，常常对不顺利的事情感到自责，即使责任不在他们。关于抑郁症的病因存在几种假说,其中包括遗传倾向和习得性无助。抑郁症并不罕见，美国的一项研究发现，17% 的美国人至少患过一次抑郁症。抑郁症是一项可能致命的心理障碍，因为抑郁症是自杀的主要原因之一。

焦虑症的谱系较广。广泛性焦虑症患者常常在绝大部分情况下感到焦虑不安。而特定恐惧症患者则是对某个特定对象感到恐惧。此类恐惧症有几十种，比如幽闭恐惧症、恐高症、蜘蛛恐惧症或恐犬症。社交恐惧症患者会对尴尬的社交场合产生强烈而持久的恐惧，比如在别人面前发言。一般来说，焦虑症患者知道他们的恐惧是夸大且没有根据的。焦虑症很常见，一项美国的研究表明，超过 20% 的人至少会患上一次焦虑症。

成瘾——俗称“上瘾”——涉及非法或合法药物的滥用；后者包括酒精。成瘾的症状是对药物的耐受性越来越强，这意味着，吸毒者需要吸食更大剂量的毒品才能达到同样的快感。成瘾者坚持服用药物，即使会给日常生活带来严重的负面影响。例如，酒瘾者继续饮酒，即便家庭生活的质量因此降低或工作表现因此退步。他们对药物有着强烈的渴望，并在停止服用药物时出现戒断反应。

这些仅仅是一些最为人所知的心理障碍。其他的还包括强迫症、进食障碍、双相情感障碍、创伤后应激障碍、注意缺陷多动障碍和压力症。

让我们回到上一节开头的例子。我们能给他们每个人（年轻的烟民、阿丽安和威廉）都各自做出诊断吗？很难，难在以下几点。年轻的烟民有什么病症？我们不知道。攻击性行为并不能指向某种特定的心理障碍，根据一般诊断标准，一些偶尔表现出攻击性的人根本不曾患有心理障碍。虽然他们的行为的确有问题，但不是每个问题都意味着患有心理障碍。而孤僻的阿丽安，她是否患有社交恐惧症？或是抑郁症？我们无法根据所知信息对阿丽安做出判断，因为相同的病症适配于不同的心理障碍。尽管证据表明，阿丽安当下正遭受着巨大痛苦，而且她的状况已经到了干扰正常生活的地步；但我们也必须衡量，阿丽安的症状是否明显到足以被称为一种心理障碍。另外，威廉似乎是一个确凿的酒精成瘾案例。不过要谨慎。第一，你只观察到他在接待会上大醉了几次，但在这种场合其他人也会多喝几杯。酒精成瘾的显著征兆是，在工作中或在早晨起床后常常喝酒。第二个需要保持谨慎的原因在于共病症。例如，酗酒可能是由潜在的抑郁症引发的。因此，心理医生必须将精力集中在治疗抑郁症，而不是酒精成瘾。威廉的例子基于一个真实的人物——威廉·斯泰伦，《苏菲的选择》（*Sophie's Choice*）的获奖作者，同时著有《看得见的黑暗》（*Darkness Visible: A Memoir Of Madness*）[①]，许多人认为这本书与西尔维娅·普拉斯的《钟罩》（*The Bell Jar*）一样，是对抑郁症最好的文学描述。

① 《看得见的黑暗》是威廉·斯泰伦被诊断患有抑郁症后的真实自白。——译注

心理治疗的一般原则

当人们罹患心理障碍或被精神问题所困扰时，他们会求助于心理医生。他们通常会找到一名经验丰富的心理医生，心理医生熟练掌握可用于治疗其特定心理障碍的一套程序［参考瓦姆波尔德、艾梅尔的《心理治疗大辩论》(*The Great Psychotherapy Debate*)，2015］。心理学家提供的心理治疗与其他类型的治疗不同，一方是提供一般性治疗，如冥想或放松，这些治疗并不针对特定的心理障碍，而是综合改善患者的健康状态；而另一方是由受过专业医学培训的精神病医生提供的治疗方案。

从医学角度来看，心理障碍有其生物学原因。出于此原因，精神病学家开出药物进行治疗，以减轻患者的痛苦。在 20 世纪 50 年代，药物彻底改变了精神病学；尽管精神分裂症或严重的抑郁症无法通过药物治愈，但药物可以在一定程度上缓解症状，使患者有可能离开精神病院，返回家中。只有在病症急性发作的情况下，患者才不得不返回精神病院。患者通常会接受药物治疗和心理治疗的组合，这两种方法的有效性都已得到了证明。与医学治疗不同，心理治疗完全依赖于心理机制。

治疗研究中有充足的证据表明，心理治疗的确有效果。但是，如果正如我们前文所见，心理障碍的诊断与治疗应该失败才对，因为尚且没有界限分明的病因可以用来区分两种心理障碍类型——为什么心理治疗会起效果?

为了回答这个问题，人们对一般有效因素和特殊有效因素进行了区分。一般有效因素是在每一种心理治疗中都起作用的成分，与具体的假设和疗法无关。联盟，即当事人和心理医生之间的治疗关系，已被证明是一个重要的一般有效因素。联盟意味着，双方彼此信任并对治疗过程中的目标和任务达成一致。第二个一般有效因素是当事人对于治疗效果的期望。许多治疗师会告诉他们的当事人目前的治疗方案，以及治疗将有助于缓解负面症状。部分期望效应可以通过再教化来解释。这指的是，当事人在与心理医生进行第一次预约时，即甚至在治疗开始之前，他们的状况就已经有所改善了。一般有效因素让人联想起了第四章中出现的安慰剂效应。两者都不具针对性，可以通过当事人期待从治疗中获得积极效果这一事实来解释。

特殊有效因素包括治疗中针对特定病症或心理障碍基本机制的因素，例如专门用于抑郁症或焦虑症。正如前文所述，我们对特定心理障碍的基本机制知之甚少；

此外，共病症的发生率很高。与一般有效因素相比，我们很难找到提高心理治疗成功率的特殊有效因素。

在医学治疗中，患者期待可以通过特定的疗法痊愈，由哪位医生负责治疗则没有什么不同。但在心理治疗中，人们发现，心理医生个人的效果要比具体治疗方案的效果大得多。因此，对于一场成功的心理治疗来说，一般有效因素比特殊有效因素要重要得多。这也意味着，所有常见的心理治疗方法的效果大致相同，正如各项治疗研究所显示的那样。

因此，我们可以得出结论：心理治疗比不进行治疗要好。然而，所有的治疗方法都有大致相同的效果，这就意味着，在这些常见的心理疗法中，没有哪一项优于其他项。研究表明，与治疗方法相比，心理医生对心理治疗效果的影响更大。

心理疗法

不同的心理学研究方法带来了不同形式的心理治疗，并持续影响着如今的实践。这些心理疗法之间的区别在于对问题、改善以及实现改善的最佳方法的定义。我们在此只讨论四种主要的心理治疗形式：行为疗法、认知疗法、精神分析法和人本主义疗法。

行为疗法

行为疗法从行为主义发展而来，并遵循第一章中所提及的学习原则。这些原则将功能障碍行为看作问题，并认为功能障碍行为的消失就是一种改善。例如，丽莎对狗的过分恐惧为功能障碍，因此是有问题的。改善就是消除恐惧行为。

行为治疗师已经开发了几种方法来消除（或像行为治疗师所说的“删除”）不适应的行为。两种著名的焦虑治疗方法分别是系统脱敏法和对抗疗法（也被称为暴露疗法）。

系统脱敏法基于以下假设：诱发焦虑的刺激物的视觉图像会引起恐惧，恐惧是一种消极状态。相反，放松是一种积极状态，因此与恐惧相抵触。如果个体在放松的状态下想象一个诱发恐惧的刺激物，个体应该会做出积极反应。在丽莎的案例中，她将首先学习放松策略。然后，治疗师会让丽莎列出她的恐惧以及恐惧的等级层次。从等级层次最低的恐惧开始治疗。丽莎先将自己放松，然后想象出让自己感到害怕的物体。当丽莎不再对最低层次的恐惧对象感到害怕时，再开始处理下一个层次的恐惧对象，以此类推，直到对最高层次恐惧对象的恐惧（在丽莎的案例中即狗）被消除或至少被削弱。有人可能会反驳说，定期的放松练习就可以减少恐惧，而无须将放松与引起恐惧的刺激物联系起来。但事实并非如此。放松必须与引起恐惧的刺激物相联系，才能用积极反应取代消极反应。

第二种方法是对抗疗法。其基本原则很简单：如果丽莎因为害怕被咬而避免与狗接触，那么她就根本没有机会通过接触友好的狗来消除自己的恐惧反应。这就是对抗疗法要做的。治疗师尤其偏好使用满灌疗法。在此类型的对抗疗法中，当事人需要在较长的时间内与他害怕的对象面对面。所以丽莎会和狗相处好几天，而一位患有社交恐惧症的男人则会和治疗师频繁出入各种熙熙攘攘的场合，如餐馆、音乐会和派对。满灌疗法是消除恐惧的有效方法。

认知疗法

人们不只是行动，他们也思考。随着认知革命的开始（见第二章），亚伦·贝克和阿尔伯特·艾利斯等临床医生开始探索心理障碍患者在思考时所表现出的功能障碍，并发展了认知疗法。认知治疗师基于此假设，即情境会触发影响行为的想法。此外，我们的想法也通过对情境进行评估的形式影响着我们的情绪，而这些情绪又反过来影响我们的行为（见第三章）。这就是非理性思维会导致情绪被放大的原因，而这些情绪又会引发功能障碍行为。例如，丽莎对狗的过分恐惧是非理性的，因为她高估了狗会带来的危险。因此，非理性思维便是问题所在，治疗师的目标是纠正这种功能障碍的思维，丽莎的思维方式不应引起焦虑行为才对。

认知治疗师必须首先找出病人的认知扭曲。贝克采访了抑郁症患者，在《思考与抑郁 1：怪异内容与认知扭曲》（*Thinking And Depression: I. Idiosyncratic Content And Cognitive Distortions*，1963）中，将他们的想法与非抑郁症患者的想法进行了比较。他不仅发现了双方之间存在思维内容的差异，如缺乏自信、自责和有自杀念头，而且还有系统性的思维歪曲。例如过度概括：一位男性因为工作中的一个小失误就认为自己不能胜任这项工作。或者缩小和夸大：一个学生觉得，很多对她友好的老师都不真诚，而少数不友好的老师才是真诚的。友好行为的权重被缩小，而不友好行为的权重被夸大。

一旦发现当事人的思维错误，治疗师就会试图纠正错误。除了建立治疗关系外，治疗师还会解决认知扭曲的问题，并向客户阐明，其所感知到的现实不一定是现实本身，他对现实的理解可能是错误的。当事人还会意识到，他们的想法会以何种方式反噬自己。因此，治疗师试图改变这些错误的思维过程，使当事人对情境做出不同的阐释，从而改变他们的情绪。

如今，许多治疗师应用认知行为疗法，即认知疗法和行为疗法的结合。例如，丽莎的治疗师可能将对抗疗法与改变她对狗的错误想法相结合。这样的组合看起来相当融洽，因为这两种治疗形式能够相互补充。行为疗法的目的是改变行为，而认知疗法的目的是改变思维。

心理动力学疗法

心理动力学疗法（又称精神分析法）始于西格蒙德·弗洛伊德的作品，这是历史上最古老的心理疗法。治疗师认为患者的问题是无意识的欲望和恐惧所造成的结果，这些欲望和恐惧在童年时表现为幻想，在成年后导致无意识冲突。这些欲望和恐惧仍然是无意识的，因为它们往往涉及被禁止提起的话题，例如性欲。因此，我们试图将这种欲望从意识中赶出去，精神分析学家称之为压抑。患者无法触及自己的无意识冲突，因此，心理动力学疗法的目的在于揭开并理解被压抑的思想。改善患者问题的先决条件是，洞察那些曾被掩藏的无意识冲突。

为了发掘无意识冲突，精神分析学家主要使用两种方法：第一种方法是自由联想法，即患者需要打消一切顾虑说出他所想到的内容；第二种方法则是梦的解析。精神分析学家认为，无意识冲突在患者处于清醒状态时仍然被隐藏着，但能够在患者的梦境中得到体现。然而，患者往往拒绝承认解梦过程中浮现的欲望，这个过程被称为否认。此外，他们会将童年时的无意识冲突转移到分析师身上，这个过程称为移情。例如，一位女性在童年时受到过性虐待，她因此避免在心理上靠近他人，她担心治疗师会辜负自己的信任。患者必须解决否认和移情这两个问题，才能充分理解无意识冲突。精神分析学家认为，这种理解有助于减少错误的思想和行为模式。

精神分析受到了诸多批评，许多进入大众科学的精神分析学的概念，如压抑、俄狄浦斯情结、阉割焦虑和阴茎羡妒，[①]都缺乏实证研究的支撑。尽管精神分析存

---

① 俄狄浦斯情结即恋母情结，是指儿子恋母仇父的复合情结。此名称源于希腊神话中的俄狄浦斯的故事。俄狄浦斯违反意愿，无意中杀父娶母。阉割焦虑是指男孩因恋母情结而有被父亲阉割的恐惧。阴茎羡妒又称阳具羡妒，是一种性心理发展期的假设，女性有意识或无意识地具有阴茎羡妒情结，如今也常用在对自身生理构造感到自卑的男性身上。——译注

在这个缺点，但在改善思维和行为的功能障碍方面，精神分析的效果并不比其他治疗形式差。显然，不是精神分析所特有的因素造就了治疗效果，而是精神分析师与其他治疗形式的治疗师一样善于建立彼此信任的治疗关系。

人本主义疗法

行为疗法、认知疗法和心理动力学疗法都是基于这样的假设，即心理治疗的目的在于治疗必须要被治愈的疾病。这种假设给心理治疗与医学治疗带来了相似之处。相比之下，人本主义疗法不认为心理治疗在于修复有缺陷的机制，而是帮助当事人实现自我潜能。应用人本主义疗法的治疗师不会做出诊断；在这里，当事人依靠自己找到促进个人成长和解决问题的方法。让我们回顾一下马斯洛的自我实现阶段。个体重视新的体验，培养创造力，并以高道德标准要求自己。这样的人自主且独立思考，努力追求个人成长与人生意义。治疗师相信，他们的当事人寻求自我实现，并已经拥有实现其目标所需的方法。

为了帮助当事人找到方法，治疗师会耐心倾听。卡尔·罗杰斯开创了当事人中心治疗法，该疗法基于三个核心理念。第一，治疗师必须是真诚的，而不是用专业的外壳来隐藏自己。他必须真正愿意理解当事人。第二，治疗师必须对当事人持有无条件的尊重。他必须接受当事人真实的样子，不对当事人的想法和感受做任何判断。第三，治疗师要有对当事人的同理心。他应从自己的角度理解当事人，并感受到当事人自身难以意识到的感受。

这三个核心理念所带来的重要结果是治疗师和当事人之间对话的非指导性。行为治疗师和认知治疗师会给出直接的指示，精神分析学家会解释当事人所倾诉的内容，但当事人中心治疗法的治疗师只是倾听，而不会将当事人引向别的方向或别的话题。

治疗师在治疗过程中只是提问，以确保他已经充分正确理解了当事人。人本主义疗法的治疗师相信，他们的非指导式治疗，即通过真诚、无条件的尊重和同理心支持当事人，使当事人能够找到自己的方法，努力实现个人成长与人生意义。

治疗方向的融合

正如前文所述，在心理治疗中，一般有效因素，如联盟、期望和再教化，对于治疗成功的意义远远大于特殊有效因素，即各项疗法。这就产生了一个问题：如果治疗师对治疗成功的贡献远大于治疗方法，那么是否还需要区分不同的心理治疗方向？然而，在心理治疗研究开始之前，心理治疗的主要方向就已经确定了。如今，一些治疗师已经开始使用整合性的疗法，也就是说，他们融合不同流派的有效元素，以优化治疗效果［参考卡斯顿圭等人的《心理治疗整合研究：立足过去，展望未来》(*Research On Psychotherapy Integration: Building On The Past, Looking To The Future*)，2015］。因此，心理治疗研究的关注焦点不再是哪个流派的疗法最有效，而是哪些疗法最有助于实现当事人的目标，即减少思维和行为的功能障碍所带来的痛苦，或实现个人意义和内在成长。

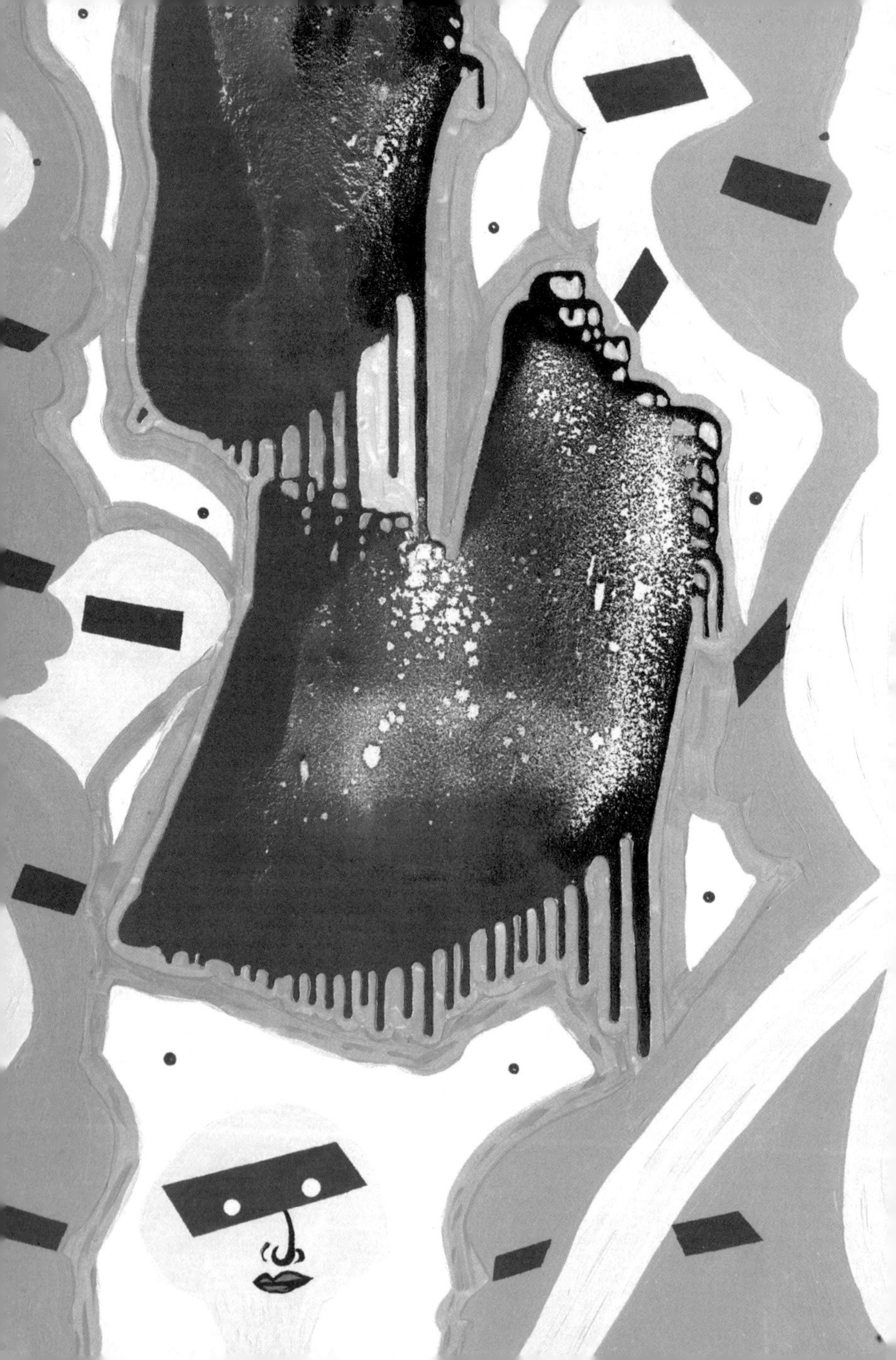

后 记
我们为什么要做这件事

心理学家将书中所提及的不同研究方法的要素相结合，用以解释行为。例如，围绕个人—情境之争展开的讨论已经向我们表明，人格和情境因素共同决定行为。那么问题就不应是“谁是正确的”，而应是“各个成分对行为及其阐释的作用有多大，以及这些成分是如何互相联系的”。

这种融合性方案将自己隐藏在“态度”一词背后，态度是指对某个对象的评估的心理表征，它在一段时间内是稳定的，且包含了认知、情感和行为的成分。我们可以对亚马逊、极右主义、食肉动物或游戏等不同的对象持有稳定的态度。

根据计划行为理论［TPB，参考阿耶兹的《计划行为理论》（*The Theory Of Planned Behavior*），1991］，“态度”是影响我们行为的三个因素之一。另外两个因素则是规范和知觉行为控制，以真正执行所预期的行为。

例如，该理论模型在预测健康或环境行为方面卓有成效。尽管保罗想要戒烟，但他仍旧渴望吸烟，但也因此承受着社会的压力，包括他的女朋友给予的压力。不幸的是，他无法控制自己对香烟的渴望。这种控制缺失使得他所期望的改变无法实现，尽管戒烟是其他人和他自己的愿望。另一个例子来自莎拉。对莎拉来说，她很享受乘坐飞机前往遥远的度假地点，她不会感受到社会压力，因为她的邻居们也选择了同样的出行方式。因此，她并不会减少乘坐飞机出行的次数，尽管她可以。在这种情况下，个人的态度和规范阻碍了环境友好行为。尽管有很多数据证明了单个变量对于思维和行为的影响，但开发更全面的模型以便更好地展现思维和行为的复杂性仍旧重要。在过去几十年中，数据处理方面的计算能力经历了大规模增长，日后将有可能进行范围广泛的分析，以测试这些综合模型。

尽管出现了更加复杂的趋势，但心理学作为一门科学，仍旧受到来自内部和外部的批评。

来自内部的批评，如保罗·罗津指出的，心理学在其研究中主要探索过程，例如感知、记忆、思考和感受。这种对心理过程的关注导致那些生活中真正有趣的事情被疏忽，比如食物、性、娱乐、政治或宗教。生活中的这些方面很难通过探索简单的过程得到充分的解释。据罗津所述，人们所需要的是更多的描述性研究，就像生物学中常见的研究那样。只有了解了人们在真实生活中的样子时，在实验室中探索基础过程才有意义。

来自外界的批评，如人文科学所述，人文科学认为人类的思维、感觉和行为复杂到我们永远无法将人类作为一个整体来理解。科学心理学则从外部将人的思想视为一个物体，就像从医学角度看待人体或机械工程师看待发动机一样。如此一来，心理学家忽视了从内部展开的整体视角，而这才是最先赋予人类的存在意义之处。我们可以对行为进行阐释，但无法从更深的意义上理解人。

诚然，心理学的确将人的心灵对象化，就像躯体之于医学，发动机之于机械工程师。但这种方法的成功性已经得到了证明。在医学的帮助下，人类预期寿命在200年内翻了不止一番。很少有人希望回到没有疫苗、抗生素和止痛药的时代。就在我写到此处的时候，许多人正迫切希望能研制出治愈新冠病毒的疫苗，而不问自己这是不是将人看作了一个物体，从而导致整体观的缺失。科学心理学也改善了人们的生活。仅举几个例子。治疗师不再对存在心理问题的人说，他们缺乏意志力；高效的、激励性的教学方法逐渐被引入学校；求职者被迫接受的无意义的评估法越来越少，比如非结构化面试，甚至是图形逻辑测试；最后，心理学研究促成了行之有效的合作方法和冲突解决方法。

然而，尽管取得了上述的成功和进步，我们作为心理学家必须谦恭地承认，我们没有将人作为整体看待，人类存在的意义层次可能确有科学无法触及之处。

参考文献

Ainsworth, M. D. S., & Bell, S. M. (1970). Attachment, exploration, and separation: Illustrated by the behavior of one-year-olds in a strange situation. *Child Development, 41*, 49–67.

Ainsworth, M. D. S., & Bowlby, J. (1991). An ethological approach to personality development. *American Psychologist*, *46*(4), 333–341.

Ajzen, I. (1991). The theory of planned behavior. *Organizational Behavior and Human Decision Processes*, *50*(2), 179–211.

Ambady, N., Hallahan, M., & Conner, B. (1999). Accuracy of judgments of sexual orientation from thin slices of behavior. *Journal of Personality and Social Psychology*, *77*(3), 538–547.

Anttila, V., Bulik-Sullivan, B., Finucane, H. K., Walters, R. K., Bras, J., Duncan, L., ... & Patsopoulos, N. A. (2018). Analysis of shared heritability in common disorders of the brain. *Science*, *360*(6395), eaap8757.

Aronson, E. (2002). Building empathy, compassion, and achievement in the jigsaw classroom. In J. Aronson (Ed.), *Improving academic achievement: Impact of psychological factors on education* (pp. 209–225). San Diego, CA, US: Academic Press.

Baillargeon, R. (1987). Object permanence in 3½- and 4½-month-old infants. *Developmental Psychology*, *23*, 655–664.

Bakermans-Kranenburg, M. J., Van Ijzendoorn, M. H., & Juffer, F.(2003). Less is more: meta-analyses of sensitivity and attachment interventions in early childhood. *Psychological Bulletin*, *129*, 195–215.

Bandura, A. (1965). Influence of models' reinforcement contingencies on the acquisition of imitative responses. *Journal of Personality and Social Psychology*, *1*, 589–595.

Bartlett, F. C. (1932). *Remembering: A study in experimental social psychology*. Cambridge: Cambridge University Press.

Beck, A. T. (1963). Thinking and depression: I. Idiosyncratic content and cognitive distortions. *Archives of General Psychiatry*, *9*, 324–333.

Bernstein, I. L., & Webster, M. M. (1980). Learned taste aversions in humans. *Physiology & Behavior*, *25*, 363–366.

Buss, D. M. (1989). Sex differences in human mate preferences: Evolutionary hypotheses tested in 37 cultures. *Behavioral and Brain Sciences*, *12*, 1–49.

Cannon, W. (1927). The James-Lange theory of emotions: A critical examination and an alternative theory. *American Journal of Psychology*, *39*, 106–124.

Carlson, S. (1985). A double-blind test of astrology. *Nature*, *318*(6045), 419–425.

Carpenter, P. A., Just, M. A., & Shell, P. (1990). What one intelligence test measures: a theoretical account of the processing in the Raven Progressive Matrices Test. *Psychological Review*, *97*, 404–431.

Castonguay, L. G., Eubanks, C. F., Goldfried, M. R., Muran, J. C., & Lutz, W. (2015). Research on psychotherapy integration: Building on the past, looking to the future. *Psychotherapy Research*, *25*, 365–382.

Chalmers, D. J. (1996). *The conscious mind: In search of a fundamental theory*. Oxford: Oxford University Press.

Comer, R. J. (2013). *Abnormal psychology*(8th edition). New York: Worth.

Darley, J. M., & Latané, B. (1968). Bystander intervention in emergencies: Diffusion of responsibility. *Journal of Personality and Social Psychology*, *8*, 377–383.

Deci, E. L., & Ryan, R. M. (1985). *Intrinsic motivation and self-determination in human behavior*. New York: Plenum Press.

Eagly, A. H., & Wood, W. (1999). The origins of sex differences in human behavior: Evolved dispositions versus social roles. *American Psychologist*, *54*, 408–423.

Ebbinghaus, H. (1885). *Über das Gedächtnis. Untersuchungen zur experimentellen Psychologie*. Lepzig: Duncker & Humblot.

Eisenberg, N. (2000). Emotion, regulation, and moral

development. *Annual Review of Psychology*, *51*, 665–697.

Ferster, C.B., & Skinner, B. F. (1957). *Schedules of reinforcement*. East Norwalk, CT: Appleton-Century-Crofts.

Flynn, J. R. (1987). Massive IQ gains in 14 nations: What IQ tests really measure. *Psychological Bulletin*, *101*, 171–191.

Friedman, H.S., & Kern, M. L. (2014). Personality, well-being, and health. *Annual Review of Psychology*, *65*, 719–742.

Funder, D.C. (2013). *The personality puzzle*. New York: W. W. Norton.

Gottfredson, L.S. (2004). Intelligence: Is it the epidemiologists' elusive «fundamental cause» of social class inequalities in health? *Journal of Personality and Social Psychology*, *86*, 174–199.

Harlow, H. F. (1958). The nature of love. *American Psychologist*, *13*, 673–685.

Holt, N., Bremner, A., Sutherland, E., Vliek, M., Passer, M., & Smith, R. (2015). *Psychology: The science of mind and behavior* (3rd edition). London: McGraw-Hill.

Hull, C.L. (1943). Principles of behavior: an

introduction to behavior theory. Oxford, England: Appleton-Century.

James, W. (1884). What is an emotion? *Mind, 9*, 188–205.

John, O. P., & Srivastava, S. (1999). The Big-Five trait taxonomy: History, measurement, and theoretical perspectives. In L. A. Pervin & O. P. John (Eds.), *Handbook of personality: Theory and research* (Vol. 2, pp. 102–138). New York: Guilford Press.

Johnson, E. J., & Goldstein, D. (2003). Do defaults save lives? *Science*, *302*, 1338–1339.

Kahneman (2011). *Thinking fast and slow*. New York: Farrar, Straus and Giroux.

Kanner, L. (1943). Autistic disturbances of affective contact. *Nervous Child*, *2*, 217–250.

Kanwisher, N., McDermott, J., & Chun, M. M. (1997). The fusiform face area: a module in human extrastriate cortex specialized for face perception. *Journal of Neuroscience*, *17*, 4302–4311.

Kaufman, A.S. (2009). *IQ testing 101*. New York: Springer.

Kessler, R.C., Berglund, P., Demler, O., Jin, R., Merikangas, K. R., & Walters, E. E. (2005). Lifetime prevalence and age-of-onset distributions of DSM-IV disorders in the National Comorbidity Survey Replication. *Archives of General Psychiatry*, *62*, 593–602.

Kim, K.H., Relkin, N. R., Lee, K. M., & Hirsch, J. (1997). Distinct cortical areas associated with native and second languages. *Nature*, *388*(6638), 171–174.

Kuhn, T.S. (1962). *The structure of scientific revolutions*. University of Chicago Press.

Langer, E. J. (1975). The illusion of control. *Journal of Personality and Social Psychology*, *32*, 311–328.

Lashley, K.S. (1950). In search of the engram. In Society for Experimental Biology, *Physiological mechanisms in animal behavior. (Society's Symposium IV.)* (pp. 454–482). Oxford: Academic Press.

LeDoux, J. (1996). *The emotional brain*. New York: Simon and Schuster.

Lenneberg, E. H. (1967). *The biological foundations of language*. Oxford: Wiley.

Libet, B. (1985). Unconscious cerebral initiative and

the role of conscious will in voluntary action. *Behavioral and Brain Sciences*, *8*(4), 529–539.

Lilienfeld, S.O., Wood, J. M., & Garb, H. N. (2000). The scientific status of projective techniques. *Psychological Science in the Public Interest*, *1*, 27–66.

Lorenz, K.Z. (1937). The companion in the bird's world. *The Auk*, *54*, 245–273.

Maier, S.F., & Seligman, M.E. (1976). Learned helplessness: theory and evidence. *Journal of Experimental Psychology: General*, *105*, 3–46.

Marañon, G.(1924). Contribution à l'étude de l'action émotive de l'adrenaline. *Revue Française de l'Endocrinologie*, *2*, 301–325.

Maslow, A.H. (1943). A theory of human motivation. *Psychological Review*, *50*, 370–396.

McNally, R.J. (2011). *What is mental illness?* Cambridge, MA: Harvard University Press.

McNeil, J.E., & Warrington, E.K. (1993). Prosopagnosia: A face-specific disorder. *Quarterly Journal of Experimental Psychology*, *46A*, 1–10.

Milgram, S. (1963). Behavioral study of obedience.

The Journal of Abnormal and Social Psychology, *67*, 371–378.

Mischel, W., Shoda, Y., & Rodriguez, M. L. (1989). Delay of gratification in children. *Science, 244*(4907), 933–938.

Moffitt, T. E., Arseneault, L., Belsky, D., Dickson, N., Hancox, R. J., Harrington, H., ... & Sears, M. R. (2011). A gradient of childhood self-control predicts health, wealth, and public safety. *Proceedings of the National Academy of Sciences*, *108*, 2693–2698.

Montgomery, G. H., & Kirsch, I. (1997). Classical conditioning and the placebo effect. *Pain*, *72*, 107–113.

Moser, E. I., Moser, M. B., & McNaughton, B. L. (2017). Spatial representation in the hippocampal formation: a history. *Nature Neuroscience*, *20*, 1448–1464.

Nisbett, R. E. (2009). *Intelligence and how to get it*. New York: W. W. Norton.

Norenzayan, A., & Heine, S. J. (2005). Psychological universals: What are they and how can we know? *Psychological Bulletin*, *131*, 763– 784.

Oberman, L. M., Hubbard, E.M., McCleery, J.P.,

Altschuler, E. L., Ramachandran, V. S., & Pineda, J. A. (2005). EEG evidence for mirror neuron dysfunction in autism spectrum disorders. *Cognitive Brain Research, 24*, 190–198.

Pavlov, I.P. (1927). *Conditioned reflexes. A study of the physiological activity of the cerebral cortex* (G. V. Anrep, trans.). Oxford: Oxford University Press.

Reber, R. (2016). Availability. In: R. Pohl (Ed.), *Cognitive illusions, 2nd ed.* (pp. 147–163). Hove, UK: Psychology Press.

Reber, R., Canning, E. A., & Harackiewicz, J. M. (2018). Personalized education to increase interest. *Current Directions in Psychological Science*, *27*, 449–454.

Reisenzein, R. (1983). The Schachter theory of emotion: Two decades later. *Psychological Bulletin*, *94*(2), 239–264.

Rogers, C. R. (1951). Client-centered therapy; its current practice, implications, and theory. Oxford: Houghton Mifflin.

Ross, M., & Sicoly, F. (1979). Egocentric biases in availability and attribution. *Journal of Personality and*

Social Psychology, *37*, 322–336.

Rothbart, M. K. (2007). Temperament, development, and personality. *Current Directions in Psychological Science*, *16*, 207–212.

Rozin, P. (2006). Domain denigration and process preference in academic psychology. *Perspectives on Psychological Science*, *1*, 365–376.

Schachter, S.S., & Singer, J. E. (1962). Cognitive, social, and physiological determinants of emotional state. *Psychological Review*, *69*, 379–399.

Scherer, K.R. (1984). On the nature and function of emotion: A component process approach. In P. Ekman (Ed.), *Approaches to emotion*. Hillsdale, NJ: Erlbaum.

Schmidt, F. L., & Hunter, J. (2004). General mental ability in the world of work: occupational attainment and job performance. *Journal of Personality and Social Psychology*, *86*, 162–173.

Scoville, W. B., & Milner, B. (1957). Loss of recent memory after bilateral hippocampal lesions. *Journal of Neurology, Neurosurgery, and Psychiatry*, *20*, 11–21.

Sherif, M.; Harvey, O. J.; White, B. J.; Hood, W., &

Sherif, C.W. (1961). *Intergroup Conflict and Cooperation: The Robbers Cave Experiment*. Norman, OK: The University Book Exchange.

Simon, H.A. (1990). Invariants of human behavior. *Annual Review of Psychology*, *41*, 1–20.

Speisman, J.C., Lazarus, R.S., Mordkoef, A., & Davison, L. (1964). Experimental reduction of stress based on ego-defense theory. *Journal of Abnormal and Social Psychology*, *68*, 367–380.

Spitz, R. A. (1945). Hospitalism: An inquiry into the genesis of psychiatric conditions in early childhood. *The Psychoanalytic Study of the Child*, *1*, 53–74.

Tanaka, J. W., & Farah, M. J. (1993). Parts and wholes in face recognition. *Quarterly Journal of Experimental Psychology*, *46A*, 225–245.

Thorndike, E.L. (1898). Animal intelligence: An experimental study of the associative processes in animals. *The Psychological Review: Monograph Supplements, 2*(4).

Thurstone, L.L. (1938). Primary mental abilities. *Psychometric Monographs, 1*.

Tolman, E. C. (1948). Cognitive maps in rats and men.

Psychological Review, *55*, 189–208.

Turkheimer, E., Haley, A., Waldron, M., d'Onofrio, B., & Gottesman, I. I. (2003). Socioeconomic status modifies heritability of IQ in young children. *Psychological Science*, *14*(6), 623–628.

Tversky, A., & Kahneman, D. (1973). Availability: A heuristic for judging frequency and probability. *Cognitive Psychology*, *5*, 207–232.

Tversky, A., & Kahneman, D. (1974). Judgment under uncertainty: Heuristics and biases. *Science, 185*, 1124–1131.

Van der Horst, F.C.P. (2011). *John Bowlby – from psychoanalysis to ethology. Unraveling the roots of attachment theory*. Chichester, UK: Wiley.

Wampold, B.E., & Imel, Z.E. (2015). *The great psychotherapy debate. The evidence for what makes psychotherapy work*. New York: Routledge.

Watson, J.B. (1945/1924). *Behaviorism*. London: Kegan Paul, Trench, Trubner.

Wechsler, D. (1944). *The measurement of adult intelligence* (3rd edition). Baltimore: Williams & Wilkins.

Willis, J., & Todorov, A. (2006). First impressions.

Making up your mind after a 100-ms exposure to a face. *Psychological Science*, *17*, 592–598.

Wixted, J.T., & Wells, G. L. (2017). The Relationship between Eyewitness Confidence and Identification Accuracy: A New Synthesis. *Psychological Science in the Public Interest*, *18*, 10–65.

译名对照表

Abnormalität 异常

Ainsworth, Mary 玛丽·爱因斯沃斯

Alkoholabhängigkeit 酒精成瘾症

Allgemeine Wirkfaktoren 一般有效因素

Allianz 联盟

Alzheimer-Krankheit 阿尔茨海默病

Amygdala 杏仁核

Anhedonie 快感缺失症

Anlage-Umwelt-Kontroverse 天性—环境争论

Angststörungen 焦虑症

Aronson, Elliot 艾略特·阿伦森

Asperger-Syndrom 阿斯伯格综合征

Attribution 归因

Aufmerksamkeit 注意

Augenzeugen 目击者

Autismus 孤独症

Autismus-Spektrum-Störungen s. Autismus 孤独症谱系障碍（参见孤独症）

Bandura, Albert 阿尔伯特・班杜拉

Bartlett, Frederic 弗雷德里克・巴特莱特

Beck, Aaron 亚伦・贝克

Beck-Depressions-Inventar 贝克抑郁自评量表

Bedürfnis 需求

Begrenzte Rationalität 有限理性

Behaviorismus 行为主义

Beobachtungslernen 观察学习

Bewältigungspotenzial 应对潜力

Bewertungstheorien der Emotion 情绪评估理论

Big Five 人格五因素模型

Bindung 依恋

Bindungstheorie 依恋理论

Binet, Alfred 阿尔弗雷德・比奈

Blackbox 黑匣子

Bowlby, John 约翰・鲍比

Broca-Zentrum 布罗卡区

Buss, David 戴维・巴斯

Cannon, Walter 沃尔特・坎农

Cocktail-Party-Effekt 鸡尾酒会效应

Coping-Potenzial 应对潜力

Darley, John 约翰・达利

Depression 抑郁症

Diagnose psychischer Störungen 心理障碍诊断

Doppelte Dissoziation 双重分离

Dreibergeversuch 三山实验

Dualismus von Geist und Gehirn 心智和大脑的二元论

Eagly, Alice 艾丽斯・伊格利

Ebbinghaus, Hermann 赫尔曼・艾宾浩斯

Egozentrisches Denken 自我中心的思维方式

Einstellung 态度

Elektroenzephalographie (EEG) 脑电图

Ellis, Albert 阿尔伯特・艾利斯

Emotion 情绪

Empathie 同理心

Empirismus 经验主义

Epiphänomen 附带现象

Ereigniskorrelierte Potentiale (ERP) 事件相关电位

Erhaltung der Anzahl 数量守恒

Erhaltung des Volumens 体积守恒

Erster Eindruck 第一印象

Ethologie 动物行为学

Evolution 进化

Exekutive Funktionen 执行功能

Expositionstherapie s. Konfrontationstherapie 暴露疗法（参见对抗疗法）

Extinktion 消退

Extraversion 外向性

Extrinsische Motivation 外在动机

Flooding 满灌疗法

Fluide Intelligenz 流体智力

Flynn-Effekt 弗林效应

Flynn, James 詹姆斯・弗林

Formaloperatorische Stufe 形式运算阶段

Freud, Sigmund 西格蒙德・弗洛伊德

Freuds Theorie der psychosexuellen Entwicklung 弗洛伊德的性心理发展理论

Frontallappen 额叶

Fünf-Faktoren-Modell der Persönlichkeit 人格五因素模型

Funktionelle Magnetresonanzbildgebung (fMRI) 功能性磁共振成像

Furcht 恐惧

Furchtmodul 恐惧模块

g (allgemeiner Intelligenzfaktor) 一般智力因素

Gedächtnis 记忆

Gehirn 大脑

Gehorsam 服从

Gelernte Hilflosigkeit 习得性无助

Gene 基因

Genovese, Kitty 凯蒂・吉诺维斯

Genügsame (oder: Satisficer) 知足者（满足者）

Geschlechtsrollentheorie 性别角色理论

Geschmacksaversion 味觉厌恶

Gesetz der Wirkung 效果律

Gesichtswahrnehmung 人脸感知

Gesundheit 健康

Gewissenhaftigkeit 尽责性

Halluzinationen 幻觉

Hamburg-Wechsler-Intelligenztest für Erwachsene (HAWIE)

汉堡韦克斯勒成人智力量表

Harlow, Harry 哈利 · 哈洛

Heuristik 启发法

Hilfeverhalten 帮助行为

Hirnabbildungstechniken 脑成像技术

Hospitalismus 医院症

Humanistische Psychologie 人本主义疗法

Instinkt 本能

Instrumentelle Konditionierung s. Operante Konditionierung 工具性条件反射（参见操作性条件反射）

Intelligenz 智力

Intelligenzquotient (IQ) 智商

Intelligenztest 智力测试

Internale Arbeitsmodelle 内部工作模式

Intrinsische Motivation 内在动机

Introversion 内向性

James-Lange-Theorie der Emotion 詹姆斯—兰格情绪理论

James, William 威廉 · 詹姆斯

Jigsaw-Methode 拼图法

Kahneman, Daniel 丹尼尔 · 卡尼曼

Kanner, Leo 利奥 · 肯纳

Katharsis 净化

Kinsey, Alfred 阿尔弗雷德・金赛

Kirsch, Irving 欧文・科茨

Klassische Konditionierung 经典条件反射

Klientenzentrierte Therapie 当事人中心治疗法

Kognition 认知

Kognitive Entwicklung 认知发展

Kognitive Landkarte 认知地图

Kognitive Therapie 认知疗法

Kohlberg, Lawrence 劳伦斯・科尔伯格

Konditionierung 条件反射

Konflikt 冲突

Konfrontationstherapie 对抗疗法

Konkretoperatorische Stufe 具体运算阶段

Kontakthypothese 接触假说

Kontrollillusion 控制错觉

Kooperation 合作

Korrelation 相关

Kortex 大脑皮层

Kraepelin, Emil 埃米尔・克雷佩林

Kristalline Intelligenz 晶体智力

Kritische Periode 关键期

Kuhn, Thomas 托马斯・库恩

Lange, Carl 卡尔・兰格

Lashley, Karl 卡尔・拉什利

Latané, Bibb 比布・拉塔内

Latentes Lernen 隐性学习

Libet, Benjamin 班杰明・利贝特

Lorenz, Konrad 康拉德・劳伦兹

Magnetresonanzbildgebung (MRI) 磁共振成像

Marañón, Gregorio 格雷戈里奥・马拉尼翁

Marshmallow-Test 棉花糖实验

Maslow, Abraham 亚伯拉罕・马斯洛

Materialismus 唯物主义

Maximierer 最大化者

Minnesota Multiphasic Personality Inventory (MMPI) 明尼苏达多项人格测验

Mischel, Walter 沃尔特・米契尔

Molaison, Henry 亨利・莫莱森

Montgomery, G. H. G. H. 蒙哥马利

Moralische Entwicklung 道德发展

Motivation 动机

Nash, John 约翰·纳什

Neurotizismus 神经质

Objektpermanenz 客体永存性

Oddball-Paradigma 怪球范式

Offenheit 开放性

Okzipitallappen 枕叶

Operante Konditionierung 操作性条件反射

Optimismus 乐观

Partnerwahl 伴侣选择

Pawlow, Iwan 伊万·巴甫洛夫

Person-Situation-Kontroverse 个人—情境争论

Persönlichkeit 人格

Perspektivenübernahme 视角选择

Piaget, Jean 让·皮亚杰

Placebo-Effekt 安慰剂效应

Pluralistische Ignoranz 多数无知

Prägung 印记

Präoperatorische Stufe 前运算阶段

Project Innocence 无罪项目

Projektive Tests 投射测验

Prosopagnosie 面孔失认症

Psychoanalyse (s.a. Psychodgnamische Therapie) 精神分析法（另见心理动力学疗法）

Psychodynamische Therapie 心理动力学疗法

Psychotherapie 心理治疗

Psychotherapieforschung 心理治疗研究

Rationalität 理性

Raven (Intelligenztest) 瑞文（智力测验）

Reflex 反射

Reifung 成熟

Reiz 刺激

Remoralisierung 再教化

Robbers-Cave-Studie 罗伯斯山洞实验

Rogers, Carl 卡尔・罗杰斯

Rorschach, Hermann 赫尔曼・罗夏

Rorschach-Test 罗夏测验

Rozin, Paul 保罗・罗津

Scherer, Klaus 克劳斯・谢勒

Schizophrenie 精神分裂症

Selbstberichtskalen 自评量表

Selbstbestimmungstheorie 自我决定论

Selbstkontrolle 自我控制

Sensumotorische Stufe 感知运动阶段

Simon, Herbert 赫伯特・西蒙

Skinner, B. F. 伯尔赫斯・弗雷德里克・斯金纳

Skinner-Box 斯金纳箱

Soziale Phobie 社交恐惧症

Sozialisation 社会化

Soziokultureller Ansatz 社会文化理论

Spearman, Charles 查尔斯・斯皮尔曼

spezifische Phobia 特定恐惧症

Spezifische Wirkfaktoren 特殊有效因素

Spiegelneuronen 镜像神经元

Spontane Erholung 自发恢复

Sprache 语言

Spracherwerb 语言习得

Standardabweichung 标准差

Status-quo-Effekt 现状效应

Stern, William 威廉・斯特恩

Stimulus 刺激

Strafe 惩罚

Stroop-Effekt 斯特鲁普效应

Student Aptitude Test (SAT) 大学生学习能力水平考试

Styron, William 威廉・斯泰伦

Suizid 自杀

Systematische Desensibilisierung 系统脱敏法

Temperament 气质

Theorie des geplanten Verhaltens 计划行为理论

Thurstone, Louis Leon 路易斯・列昂・瑟斯顿

Tolman, Edward 爱德华・托尔曼

Trieb 内驱力

Tversky, Amos 阿莫斯・特沃斯基

Universalie 普遍性

Urteilsverzerrungen 判断偏差

Validität 效度

Verantwortungsdiffusion 责任分散

Verdrängung 压抑

Vererbbarkeit 遗传性

Verfügbarkeitsheuristik 可得性启发法

Vergessen 遗忘

Verhaltenstherapie 行为疗法

Verstärkung 强化

Verträglichkeit 随和性

Wahrnehmung 感知

Watson, John 约翰 · 华生

Wernicke-Zentrum 韦尼克区

Wood, Wendy 温迪 · 伍德

Wygotski, Lew 列夫 · 维果斯基

Zusammenarbeit 合作

Zweifaktorentheorie der Emotion 情绪双因素理论

图书在版编目（CIP）数据

心理学：理论、方法与治疗／（瑞士）罗尔夫·雷伯著；吴筱岚译．—上海：上海三联书店，2024.5
（日耳曼通识译丛）
ISBN 978-7-5426-8426-4

Ⅰ．①心… Ⅱ．①罗…②吴… Ⅲ．①心理学 Ⅳ．① B84

中国国家版本馆 CIP 数据核字（2024）第 058432 号

心理学：理论、方法与治疗

著　　者／〔瑞士〕罗尔夫·雷伯
译　　者／吴筱岚
责任编辑／王　建
特约编辑／张士超
装帧设计／鹏飞艺术
监　　制／姚　军
出版发行／上海三联书店
（200041）中国上海市静安区威海路 755 号 30 楼
联系电话／编辑部：021-22895517
发行部：021-22895559
印　　刷／三河市中晟雅豪印务有限公司
版　　次／2024 年 5 月第 1 版
印　　次／2024 年 5 月第 1 次印刷
开　　本／787×1092　1/32
字　　数／67 千字
印　　张／5.75

ISBN 978-7-5426-8426-4／B·886

定　价：29.80元

著作权合同登记号　图字：10-2022-391 号